カタカナ英語と変則英語

危険な日本英語の実態に迫る

大石五雄

鷹書房弓プレス

プロローグ

　現在の日本ではいわゆるカタカナ英語や変則的な英語が氾濫している。本書では、これらカタカナ英語と変則英語をひとまとめにして「日本式英語」と呼び、その実態を明らかにするとともに、それらの日本式英語に対する正式英語を提示したいと思う。

　ここで言う「カタカナ英語」とは、英語をカタカナ語に直した語のことだが、オープンキャンパスやフリーダイヤルのような日本で造語された和製英語や、リフォームやリタイヤなどのような本来の英語の意味を変更して使われている意味変更語を主にさす。

　これに対して「変則英語」とは、英語の文字そのものを使ってはいるが、英語としては不自然な英語を意味する。例えば、More for the world という商社のコマーシャルのように一見英語らしいが、英語ではそうは言わない表現や、HIS WAY という店名のように英語としては問題ないが実は全く無意味な表現などのことである。また、Rice of delicious という食堂の宣伝文句のような誤った英語表現も当然含まれる。

　本書の基本的立場は、以上のような日本式英語の現状に対する告発である。現代の世界は、英語が事実上、史上初の国際共通語（リンガ・フランカ）として認められ、人類がお互いに英語でコミュニケーションできるという時代を迎えている。インターネットで結ばれた世界において英語が共通語となり、CNN インターナショナル・BBC ワールドという2大ネットワークが英語で24時間ニュースを全

世界に向けて送っている時代である。

このような状況の中で、英語として通用しない日本式英語がまかり通っている現状は嘆かわしい。英語の広告や宣伝文などがあちこちで目に入り、カタカナ英語が聞こえてくる日本は、一見本物の英語が使用されている国だという印象を与えるかもしれない。しかし、事実は全く異なっている。本物の英語が広く正しく使われているわけではないのである。そこで、日本式英語を、国際的に使える正式な英語に変えるべきであると本書では主張したいのである。

本書の構成は、1〜14の章から成り立つ。1〜10章まではカタカナ英語についての記述であり、11〜13章は、変則英語についての記述である。そして最後に14章「外国人の反応」が続く。

前半のカタカナ英語についての各章は、「教育・マスコミ・文化・スポーツ」などの話題別になっている。そして諸表現を、(1)全く日本語的に省略、短縮、組み合わせなどにより造られた造語と、(2)本来の英語の意味を変更、逸脱、限定、拡大または誤用、曲解して作り出された意味変更語の2項目に分け、それが元の正しい英語とどのように異なるかを見てゆくことにする。そのためカタカナ英語に対応する正しい英語を提示して解説し、その後に例文を載せた。その際各項目で話題となっている語句は、We will broadcast Prom 2000 *live* from London. の *live* のようにイタリック体で示した。

目次ではカタカナ英語のみ示し、対応する正式英語は省略した。またカタカナ英語の表記は、グランド・ボーイやランニング・ホーマーのように区切らずグランドボーイ、

ランニングホーマーのようにした。ただし、ワンポイント・リリーフのように長い表現の場合やジョン・メージャーのような固有名詞は区切った。

次に変則英語の各章では、英米風のイメージづくりやムードづくりに利用されているニセの英語表現や、世界向けに発せられている大阪市と京都市のホームページを素材に、日本発信英語の問題点について検討した。また終章では日本式英語に対する日本在住の外国人たちの見方を紹介した。

後半の各章ではアンケート調査の結果が時々登場するが、調査に協力していただいたのは、慶應義塾大学、昭和大学、成蹊大学、早稲田大学の学生諸君と日本の中学・高校・大学で英語を教えている英・米・豪・カナダ出身のネイティブスピーカーの講師たちである。

なお本文の記述においてアメリカ英語とイギリス英語を区別する必要があるときは、〈米〉〈英〉で示す。〈米〉がアメリカ英語、〈英〉がイギリス英語である。また、「英米人など」という表現をしばしば使うが、これはニュージーランド人やオーストラリア人などを含めた英語圏の人々一般をさすことをお断わりしておく。

本書では、14章のあとに「カタカナ英語─正式英語対照表」を掲げた。この対照表には本書で扱っているカタカナ英語以外にもマスコミなどでよく使われている語も若干含まれているので御利用いただけると幸いである。

目　次

プロローグ ……………………………………………… 1

第1章　教育・マスコミ・文化 …………………… 11

（1）　オープンキャンパス／フリートーキング／マークシート方式／ミス／レベルアップ／ルーズソックス／エリートコース／ファームステイ／アナ／ゴールデンアワー／ワイドショー／ジョイフル／コスプレ／メークさん／キャンドルサービス／バージンロード／ホワイトデー

（2）　カルチャーセンター／ティーンエイジャー／エスケープ／レポート／クラシック／アップ／パーソナリティ／ザ／ライブ／リアルタイム

第2章　日常生活 …………………………………… 31

（1）　アメリカンコーヒー／キッチンドリンカー／テレホンショッピング／フリーダイヤル／イメージアップ／キスマーク／チャームポイント／パイプカット／パンティストッキング／フリーター／ゴールデンウィーク／リストアップ／ベビーホテル／ラブラ

　　　　ブ／アポ
（2）アバウト／ケースバイケース／ゴム／コンセント／コンパクト／スマート／ナイフ／ヒップ／スタイリスト／プレーボーイ／ダウン／ジャンパー／メリット／ハプニング／パワーアップ

第3章　交通・通信 …………………………47

（1）フロントガラス／エンスト／チケットレスサービス／ダイヤルイン／モーニングコール／プッシュホン
（2）パンク／モータープール／ダイヤ／フリー

第4章　商業・経済 …………………………55

（1）キャッシュコーナー／セーフティーボックス／セールスポイント／ソープランド／タウンページ／ファミリーレストラン／ブランド／ビジネスホテル／ラブホテル／ホストクラブ／コーポ／サラリーマン／サイドビジネス
（2）キャッシング／サービス／キャンペーン／コンパニオン／システム／テナント／マンション／ラウンジ／ペーパーカンパニー／メーカー／バイキング／フライドポテト／リニューアル／リフォーム／マイ／モラル

ハザード

第5章　社会・政治 …………77

(1) アーバンエコロジーパーク／ケアハウス／ゴーサイン／ゼロシーリング／テレワーク／インテリジェントアワード／テープカット／ニューハーフ／エコシティ／オートビレッジ構想／ネック／バスジャック／リンチ

(2) ガバナビリティ／キャリア／サテライトオフィス／シルバー／デイサービス／ドナー／ノーマライゼイション／ハートフル／トータル／マインド／ヘルス／ヤンキー

第6章　スポーツ・野球 …………95

(1) ガッツポーズ／ゲームメーカー／ゴールイン／スローフォワード／マイボール／チームカラー／チームプレー／バトンガール／バトンタッチ／ペースアップ／ラブコール／アゲンストウインド／ハンド／アウトコース／イレギュラーバウンド／オープニングピッチャー／オープン戦／キャンプイン／グランドボーイ／ゴロ／ジャストミート／シングルキャッチ／シングルヒット／スイングアウト／スリーバント／セーフテ

ィバント／タッチアウト／タッチアップ／デッドボール／ノック／パスボール／バックスクリーン／バックネット／バックホーム／ファインプレイ／ファウルグランド／フォアボール／ヘッドスライディング／ホームイン／ランニングホーマー／ワンポイント・リリーフ

（2） IN・OUTとON・OFF／KとK／メジャー／グランド／トレーナー／フライング／フロント／マネージャー／ミスター／リタイヤ

第7章　英語を短縮した和製カタカナ英語 ………121

イラスト／エンゲージリング

第8章　婉曲表現に使われるカタカナ英語 ………125

婉曲表現調査
リストラ／キラー／スロー／ペナルティ／ローン／レイプ／アグレッシブ／エキセントリック／ダーティー／コミット／コンベンショナル／チャレンジ／トリビアル／リベンジ／アシスタント／ストラテジスト／パーソナリティ／ファイナンスサービス
無感情

第9章　カタカナ英語のアクセントと母音 ……… 141

インターネット／サーファー／デザイナー／ミュージシャン／ボランティア／オペレーター／ロマンチック／エース、ロード／メジャー、メージャー／ネバダ

第10章　学習の障害となるカタカナ英語 ………… 151

質問と解答
本物の英語と誤解されやすいカタカナ英語

第11章　飾りとしての変則英語 ……………………… 163

学生の反応
USCやUCLA／SKIN HEAD／
Bar Beaver／white sports／
HAIR SPACE／Let's keep it clean.／
plazaとsquare／Traing／
McDonald's Hamburger／NEW OPEN !
氏名のあとのローマ字
歌詞の中の英語

第12章　ムードづくりのための変則英語 ………… 181

MORE FOR THE WORLD／
BEAUTIFUL COMMUNICATION／
Allergy Tested／ジャップリッシュ

第13章　日本発信英語の問題点 …………………187

　　大阪市の英文プロフィール／
　　京都市の英文プロフィール

第14章　日本式英語についての外国人の反応 ……199

　（1）　外国人教師の意見
　（2）　新聞のエッセイ・投書
　（3）　外国人記者の観察

カタカナ英語—正式英語対照表 ……………………215

エピローグ…………233

参考文献…………238

●本文イラスト　矢口由美子
●編集協力　　　菊地由紀

第1章

教育・マスコミ・文化

(1) 造語

オープンキャンパスと open house, open day

　オープンキャンパスは、大学などが一般の人々に見学してもらうために「施設を公開すること」である。特に入学を希望する生徒や父兄を対象とすることが多い。これは便利な表現ではあるが、英語の表現ではない。open と campus を便宜上合体させた和製英語である。英語の open campus にはそのような意味はなく、単に「広々して、囲いのないキャンパス」などという意味になってしまう。

　では、オープンキャンパスを英語ではどのように表現するかと言えば、アメリカ英語では open house、イギリス英語では open day である。open house は個人の「自宅開放パーティ」という意味のほかに「学校・施設の公開参観日、またその期間」の意味があり、open day も「学校などを一般に公開する日」である。例文を見よう。

「本学のオープンキャンパスは7月10日です。」
〈米〉Our *open house* will be on July 10.
〈英〉Our *open day* will be on July 10.

フリートーキングと discussion

　フリートーキングは「自由な話し合い」という意味であり、一見問題ないようだが実は和製英語である。英米などでは、話し合いはもともと参加者が自由に発言して行うも

のであると考えるから、このような表現はないのである。

友人のアメリカ人教師によると、授業で日本人の学生がよくフリートーキングをさせろと要求するとのことである。この場合のフリートーキングの意味は、教師は口を出さず、規制を一切加えないで学生に自由に議論させることである。しかし、学生の言うとおりにフリートーキングの時間を設けたが、発言はほとんどなかったそうである。

フリートーキングを英語で表現するには、discussion（討論）が適当であろう。

「フリートーキングをさせて下さい。」
Would you let us have a *discussion*?

マークシート方式と marking-the-answer-sheet method

大学入試などでおなじみのマークシート方式は、正式英語だろうか。マークシートは、マークする解答用紙のことであるが、英語で mark sheet と言うと「用紙にマークせよ」という意味になってしまう。英語では解答用紙は、筆記試験でもマークシート方式でも answer sheet である。

ではマークシート方式は英語ではどのように言うのだろうか。まずマークシートは、答案にマークすることであるから、英語では marking the answer sheet であり、方式は method である。そこでこの2つをつないで例文のように言えばよい。

「本学の入試は、マークシート方式で行います。」
Our entrance exams are held through a *marking-the-answer-sheet method.*

ミスと mistake, error

　ミスは「出題ミス」「点滴ミス」「イージーミス」などのように日本語の中で広く使われているが、意味はいずれも「失敗」である。このミスの元となる英語は、mistake であり、ミスは接頭辞の mis- からきたものと考えられる。したがって、mistake の短縮形というわけである。

　「失敗」の意味でよく使われる英語の単語には、mistake のほかに error があるので、ミスに対応する英語はこの両者を使い分けるべきである。そこで上の3つのミスを用いた日本文を英訳すると次のようになる。

　「Y大学の入試で出題ミスがあった。」
A *mistake* was found in a question in the entrance exams for Y University.
　「A病院で点滴ミスがあった。」
They made an *error* when they gave a drip to a patient.
　「あれは確かに彼のイージーミスだ。」
That was certainly his careless *error*.

レベルアップと improve

　カタカナ英語では、生徒の学力などを「上げる」ことをレベルアップと言い、体力などが「下がる」ことをレベルダウンと言う。しかし、英語の level は up や down と組んでそのような表現を作ることはない。英語では、それらを表現するためには、次の例文のように improve（向上さ

せる）や deteriorate（低下する）などを使うのが普通である。

「新しいカリキュラムは、学力のレベルアップをめざしている。」

The new curriculum intends to *improve* the students' scholastic ability.

「学生たちの体力がレベルダウンした。」

Students' physical strength has *deteriorated*.

ルーズソックスと baggy socks

女子高生がはいているルーズソックスは英語で書くと loose socks となるが、意味は「ゆるいソックス」であり、どんなソックスでもゆるくなったものをさす。したがって、特定のあの白いソックスをさすわけではない。ルーズソックスを英字新聞では、baggy socks などと表現している。例文を1つ。

Meanwhile, in Ikebukuro, high school girls with finely manicured eyebrows check the messages on their pagers, while *baggy socks* sagging about their ankles.

（一方池袋では、まゆげにきれいなマニキュアをした女子高生が、ポケットベルに残されたメッセージを調べている。彼らの足のくるぶしには、ルーズソックスがたるみかかっている。）

The Japan Times

エリートコースと be on one's way to the top

エリートという語は日本の新聞や雑誌では、「エリート学生」「エリート社員」などのように使われる。このように形容詞として用いられたエリートは、英語の elite (えり抜きの、精鋭の) に対応している。英語でも elite athlete (エリート選手)、elite student (エリート学生) と言うからである。ただし、エリートコースは和製英語である。

エリートコースは、「出世コース」の意味であるから、英語では次の例のように be on one's way to the top (最高幹部への道を歩んでいる) などと表現する。

「彼女は、会社でエリートコースに乗っている。」

She is *on her way to the top* at her company.

ファームステイと stay with a farmer's family

外国の農家にホームステイすることをファームステイと言っている。これは、英語の farm (農場) と stay (滞在) を組み合わせた表現であるが、farm stay は英語としては意味をなさない。英語で表現するには次の例文のように stay with a farmer's family などと言うのがよい。

「この夏、ニュージーランドでファームステイする予定です。」

I am going to *stay with a farmer's family* in New Zealand this summer.

アナと announcer, newsreader

　最近の日本のマスコミではアナウンサーをアナと呼び、ニュースキャスターをキャスターと呼んでいる。これらは、いずれも元の英語を短縮して作った和製英語である。しかしアナは英語では Anna という人名に聞こえる。またキャスターは、caster または castor と聞こえ、意味は caster だと「脚輪、薬味入れ」、castor だと「ビーバー香」などということになってしまう。したがって、英語で表現する場合アナはアメリカ英語で announcer、イギリス英語なら newsreader、またキャスターは newscaster ときちんと言わなければならない。

「イチローは元アナと結婚した。」
Ichiro married an ex-*announcer*.

ゴールデンアワーと prime time

　テレビの放送時間で最も視聴率の高い時間帯をゴールデンアワーと言う。その範囲は、大体午後7時から9時頃までである。しかし、それは和製英語なので、英語では通用しない。英語では、prime time と言っている。*Random House Webster's College Dictionary*（1991）は、prime time について次のように定義している。

　prime time　the hours, generally between 7 and 11 p.m., considered to have the largest television audience of the day.
　（一般的に一日の中で最も多くのテレビ視聴者がいると考えられている午後7時から11時の時間帯）

　英米では午後7時から11時までが prime time であるから、日本のゴールデンアワーより長い時間帯をさしているのである。

ワイドショーと variety show

　日本のテレビ番組ではワイドというカタカナ英語が大はやりである。例えば、やじうまワイド、天才てれびくんワイド、ザ・ワイド、火曜ワイドスペシャル、ニュースワイド等々がある。
　ワイドに対応する英語の wide は「幅が広い」「広い所」を意味するに過ぎないから、上の番組名は意味不明である。例えば、やじうまワイドを英語に直すと Yajiuma Wide となるが、何のことか分からないし、ニュースワイドを英

語に直すと News Wide となるが、無意味な表現である。

　ワイドがよく使われるようになったのは、ワイドショーという番組が登場してからである。ワイドショーは、主に朝8時から10時にかけて、さまざまなショッキングな事件をドラマ風に報道したり、芸能界のゴシップを流したりする一種の娯楽番組であるから、幅広く話題を提供するという意味で wide に由来するワイドが使われたのであろう。

　しかし、wide は物などの幅が広いことは表すが、話題の幅は示さない。したがって、wide show と言えば何かショーというものの幅が広いことになってしまう。ワイドショーは英語では、variety show と言うのが適当である。

ジョイフルと wonderful, pleasant

　ジョイフルという語は、このところ人気のあるカタカナ英語で、ジョイフルモーニングとかジョイフルトレインなどとして使われている。ジョイフルモーニングはラジオの番組名であり、ジョイフルトレインは JR の列車、カラオケなどの娯楽設備のあるサロンや座敷を備えた展望車のことである。

　ジョイフルは英語では joyful で、意味は「楽しい、喜びに満ちた」であるから、ジョイフルモーニングは「楽しい朝」であるし、ジョイフルトレインは「楽しい列車」となり、カタカナ英語としてはよい表現のように聞こえる。

　しかし、英語では joyful morning とか joyful train ということは、普通の表現ではない。可能ではあるが、何となく変な感じのする表現なのである。つまり、英米人は使わ

ない表現である。その理由はjoyfulという語がかしこまった語であり、頻度の低い語だからである。したがって、ジョイフルモーニング、ジョイフルトレインを英語らしく言うには、ほかの表現を使う必要がある。

ジョイフルモーニングは、wonderful morning とか beautiful morning がよい。ジョイフルトレインは、exciting train とか pleasant train がよいであろう。

コスプレと costume party

若者の間で行われているコスチュームプレイ、略してコスプレは一種の「仮装パーティ」のことである。参加者は、人気の漫画主人公などに扮して集まる。この和製英語を英語で表現するには、costume party が適当であり、次の例文のように言えばよい。

「コスプレは楽しかった。」

I enjoyed the *costume party*.

メークさんと make-up lady

楽屋でテレビ出演者などにお化粧を施す美容師を日本では「メークさん」と呼んでいる。メークは、もちろん英語の make のカタカナ英語であるが、make という英語に美容師の意味はない。この場合の make は、make-up を短縮したものである。make-up には、「化粧、メーキャップ」の意味があることから、美容師の意味に使われたのであろう。しかし、make-up は、例えば、You wear too much make-up.（君は化粧が濃すぎる）などのように使われ、「美容師」の意味はない。英語で「メークさん」と言うには、make-up を使い make-up lady と言うべきである。

「楽屋では、メークさんは忙しい。」
Make-up ladies are busy in the dressing room.

キャンドルサービスと candle-lighting service

　日本の結婚披露宴で一般的になったキャンドルサービスも和製英語である。英米などの披露宴ではそのようなサービスはないので当然ながらそんな言葉もないわけである。アメリカ人の友人にキャンドルサービスと聞いて何のことか分かるかと聞くと「カトリックやギリシャ正教の教会などでろうそくに火をつけて行われる礼拝のことではないか」と言った。実際、キャンドルサービスは、英米人にはキリスト教会を連想させる表現であって、結婚披露宴の連想はない。

　では英米人などにキャンドルサービスについて英語で説明しなければならない羽目に陥ったとしたらどのように言ったらよいだろうか。一案は、次の英文である。

Kyandoru sabisu is a candle-lighting service at a Japanese wedding reception by the newly-weds. They visit each guest's table and light the candle placed at the center of it.

（キャンドルサービスとは日本の結婚披露宴で新婚の2人によって行われるろうそくに点火する行事である。彼らはお客が座る各テーブルを巡り、テーブルの中央に立

っているろうそくに点火するのである。)

バージンロードと aisle

キリスト教会で結婚式を挙げるとき花嫁が父親に手をとられて歩き、聖餐台に向かって進む中央の通路をバージンロードと呼んでいる。英語に直すと virgin road となるが、これも英語には存在しない和製英語である。英語では、単に aisle(通路)である。

「いつかは父と一緒にバージンロードを歩きたい。」
Someday I want to walk on the *aisle* at the church with my father.

何人かのアメリカ人の反応によれば、virgin road は、性的差別を暗示する表現に聞こえるという。なぜなら、結婚に際し、女性のみに処女性を求めているニュアンスがあるからである。「この表現を聞けば、アメリカ人の女性たちは怒りを露わにするだろう」と彼らは言っていた。

ホワイトデー

3月14日をホワイトデーとし、男性が女性にバレンタインデーのプレゼントのお返しをするという習慣は、日本独特のものである。英米などにはホワイトデーというものはない。したがって、White Day という英語表現も存在しない。ホワイトデーは、全くの和製英語である。

それではホワイトデーとは何かを外国人に説明するにはどうしたらよいだろうか。説明の一例を示そう。

In Japan, men customarily give presents to women on March 14, called White Day, in return for the presents of chocolate they received on Valentine's Day in February.
(日本では、2月のバレンタインデーに女性からもらったチョコレートの贈り物のお返しに男性が3月14日にプレゼントをする習わしがある。そしてその日はホワイトデーと呼ばれている。)

ちなみに英米などでは、バレンタインデーには、男女の区別なくプレゼントしあうのが習慣である。これと対照的にバレンタインデーには女性から男性へ、ホワイトデーには男性から女性へプレゼントするという日本の習慣は、極めて日本的である。

(2) 意味変更語

カルチャーセンターと school of cultural studies

　カタカナ英語のカルチャーセンターは、英語の culture center の意味を全く変えたものである。それは、直訳すると「文化の中心」という意味になることから、教養講座の名称などに使われているのであろう。しかし、英語の culture center は文化人類学の用語であり、*Webster's Third New International Dictionary* (1966) では次のように定義されている。

　culture center the region of a culture area showing the greatest concentration of traits peculiar to or typical of the area.

　(ある文化地域の中の一地方で、その地域に特有なまたは典型的な特徴が最も集中している所)

　culture center は、このように特定文化の特徴を表す一地方をさすのである。したがって、カルチャーセンターを英語に忠実に訳すとすれば、日本におけるカルチャーセンターとは、日本文化固有の特色が最も集中するどこかの農村という意味になろう。

　もし教養講座などを提供するカルチャーセンターを英語で言うとすれば、school of cultural studies (教養学習の学校) がよかろう。

ティーンエイジャーと **teenager**

　カタカナ英語のティーンエイジャーも英語の teenager の意味とは少し違う。前者は「十代の少年少女」をさし、11歳から19歳までであるが、後者は -teen の付く年齢、つまり13歳から19歳までの少年少女をさすのだ。それ故、11歳や12歳の少年少女のことについて述べる場合、日本語ではティーンエイジャーでよいが、英語では teenager とは言えないのである。したがって、12歳を英訳する場合は次のようにする必要がある。

　「彼女はまだ12歳のティーンエイジャーだ。」
　She is only a *twelve-year-old girl*.

エスケープと **cut a class**

　学生が授業を「サボる」とき、カタカナ英語でエスケープということがある。しかし、エスケープの元の英語の escape にはこの意味はない。escape は「（束縛などから）逃れる」という意味であり、授業を「サボる」には当たらない。

　授業を「サボる」を英語で表現するには、次の例文のように cut a class を使うのがよい。

　「昨日は、佐藤教授の授業をエスケープした。」
　Yesterday I *cut* Professor Sato's *class*.

レポートと term paper

　大学などで学生が決められたテーマについて書く論文、しばしば定期試験の代わりに提出する論文をカタカナ英語ではレポートと呼んでいる。しかしアメリカの大学ではこのような論文を report とは呼ばず、term paper と呼んでいる。report は、研究や調査の「報告」のことであり、論文のことではない。アメリカでは論文を一般に paper と呼び、学期末などに提出する paper を term paper と呼ぶのである。

　「皆さんのレポートは、7月7日までに提出して下さい。」

　Hand in your *term paper* not later than July 7.

クラシックと classical

　カタカナ英語のクラシックは「クラシック音楽」の意味で使われている。しかし、英語ではクラシック音楽は classical music と言う。classic ではなく classical を使うのである。一般に classic は「すぐれた、模範の」の意味であり、classical は「ギリシャ、ローマの古典に関する」という意味で用いられることが多く、音楽の種類を示すときには後者が用いられる。

　「私は、ロックよりクラシック音楽が好きです。」

　I prefer *classical* music to rock.

アップと zoom in on, close-up

　カタカナ英語のアップは、「アップで映す」というような文脈で使われているが、英語の up にそのような意味はない。英語ではこの場合、次の例のように zoom in on（アップで映す）close-up picture（アップの写真）を使って表現する。

「私をアップで映して下さい。」
Zoom in on me, please.
「彼女のアップの写真がテレビに映された。」
Her *close-up* picture appeared on TV.

パーソナリティと host

　カタカナ英語のパーソナリティは、ラジオ番組の「司会者」や「ディスクジョッキー」という意味で使われている。これに対し、英語の personality は、テレビやラジオに出演する「有名なタレントやスター」をさす。したがって、I want to become a TV *personality*. と言うと「テレビタレントになりたい」という意味になる。英語では番組の司会者は、host であり、ディスクジョッキーは disk jockey である。

ザと the

　最近の日本語におけるザの使用は、極めて顕著である。ザ・フィッシング、ザ・ワイドなどのテレビの番組をはじ

め、『ザ・太宰治』のように本の題名にも用いられている。このザは強調語として機能しているのだが、英語のthe の用法とはかけ離れた逸脱語法であると言えよう。

例えばザ・フィッシングを英語に直すと、the fishing ということになり、特定の釣りだけをさす。テレビ番組のタイトルとしては不適格である。英語だったら、Let's enjoy fishing.（釣りを楽しもう）などと言うだろう。また、ザ・ワイド（the wide）では意味がない。wide は「幅の広い」という形容詞だから the wide river（その幅の広い川）のように後に名詞がくれば意味があるが、the wide だけではおかしい。そもそもこのwide は、ワイドショーに由来しているのだが、前述のようにワイドショーそのものが英語としては無意味な和製英語なのである。

英語では強調のために番組のタイトルや本の題名に the をつけることはない。the をつけるとすれば *The Pacific War*（太平洋戦争）のようにもともと the がついている場合である。このtheは強調のためにつけられたのではない。ましてや、人名に the をつけて本の題名とすることはありえない。

ライブと live

英語の live [laiv] は形容詞として「生きている、ライブの、生放送の、当面の」などの意味があるが、カタカナ英語のライブはライブコンサートという意味の名詞として使われている。この用法は形容詞としての英語の live を名詞として用いていることになり、誤用である。さらに意

味をライブコンサートのみに限定しているのもおかしい。

英語では live は次のように「生放送」という意味でよく使われている。

This is a *live* broadcast.（この放送は、生放送である。）

Live coverage of the World Cup（ワールドカップの生中継）

LIVE（生放送）

カタカナ英語のライブのように意味を限定してしまうと、このような極めて普通な live 本来の意味が分らなくなってしまう。

リアルタイムと real time, live

リアルタイムは、「リアルタイムでお送りします」のように日本のテレビなどで盛んに使われている。意味は「録画でなく生放送で、現地の時間で」という意味である。例えば、「プロム2000をロンドンよりリアルタイムでお送りします」という場合、リアルタイムは、ロンドンで行われるコンサートを生放送で放送するという意味である。

しかし、英語の real time は「実時間（の）、即時応答（の）」という2つの意味を表し、どちらもコンピューター用語である。real-time は英英辞典によれば、次のような意味を持つ。

real-time *Computer technol*. the actual time elapsed in the performance of a computation by a computer, the result of the computation being required for the continuation of a physical process. （コンピューター技術

用語。コンピューターで行う演算にかかった実際の時間。その計算の結果は、物理的処理の継続にとって必要である。） *The Random House Dictionary of the English Language* (1973)

要するに、コンピューター計算の実働時間である。したがって、「実況で・生放送で」という意味にはならない。その意味を英語で表すには live [laiv] を使い、次のように言う。

「プロム2000をロンドンからリアルタイムでお送りします。」

We will broadcast Prom 2000 *live* from London.

第 2 章

日常生活

(1) 造語

アメリカンコーヒーと mild coffee

　薄味のコーヒーをアメリカンコーヒーまたは単にアメリカンと呼んでいるが、これは、日本だけで通用する和製英語である。英語で表現するとすれば mild を使い、次のように言う。

「日本の喫茶店では、薄味のコーヒーが'アメリカン'と呼ばれている」

At a Japanese coffee shop, *mild coffee* is called 'American'.

　なおアイスコーヒーは英語では iced coffee なので、アイストコーヒーというべきである。

キッチンドリンカーと closet drinker

　台所でこっそり酒を飲むアルコール依存症の主婦のことを言うキッチンドリンカーも和製英語である。英語ではこっそり酒を飲む人を closet drinker（隠れた酒飲み）と言っている。この表現は、アルコール依存症をも含意するのでキッチンドリンカーにぴったりの言葉である。そこでキッチンドリンカーを英訳するには、次のように言えばよいであろう。

「彼女はキッチンドリンカーだ。」

She is a *closet drinker*.

テレホンショッピングと teleshopping

　最近日本ではテレホンショッピングが盛んになっているが、これは和製英語である。英語では teleshopping と言う。その意味は、「電話、テレビ、インターネットなどを利用したショッピング」であり、意味はずっと広くなるが、電話によるショッピングをも含む。teleshopping の元は動詞の teleshop（テレホンショッピングする）である。

　「テレホンショッピングは最近日本でも盛んになった。」
　Teleshopping has recently become quite common in Japan as well.

フリーダイヤルと toll-free, free phone

　フリーダイヤルも一見英語らしい表現である。フリー、ダイヤルともに聞き慣れた語だからである。しかし、これも英語ではなく単に2語を組み合わせた和製英語である。英語で表現するには、アメリカ英語では toll-free を使う。
　「フリーダイヤル0120-555-555にお電話下さい。」
　Please call *toll-free* 0120-555-555.
　なお、アメリカでは toll-free の番号は1-800-であるから次のようにも言う。
　〈米〉Call *toll-free* 1-800-324-9784.（フリーダイヤルで324-9784にお電話下さい。）
　また、イギリス英語では free phone という表現が使われ、その番号は0800-である。広告などに次の形でよく使われている。

〈英〉 *Free phone* 0800-212522 （フリーダイヤルの電話番号 212522）

イメージアップと improve one's image

イメージアップとイメージダウンはすっかり日本語として定着しているが、れっきとした和製英語である。英語では、次の例のようにイメージアップの代わりに improve（改良する）、イメージダウンの代わりに hurt（傷つける）などを使って表現する。

「どの会社もイメージアップに心がけている。」

Every company is trying to *improve its image*.

「金融の混乱は日本のイメージダウンになった。」

Financial confusion *hurt* Japan's image.

キスマークと hickey, lovebite

キスマークも和製英語である。正しい英語の表現はアメリカ英語とイギリス英語で異なり、〈米〉hickey,〈英〉lovebite と言う。

また、キスマークが、手紙の封に用いられるときは、kiss だけが使われる。例文を見よう。

「彼女の首にキスマークがある。」

She has a *hickey* (*lovebite*) on her neck.

「彼女は手紙にキスマークで封をした。」

She sealed the letter with a *kiss*.

チャームポイントと most appealing part

チャームポイントは人の容姿の特徴で、「他人の注意を引くところ」をさす言葉である。しかし、英語にはcharm point という表現はない。したがって、チャームポイントを英語で言うには most appealing（最も魅力的な）などを使い次のように言うのがよい。

「あなたのチャームポイントはどこですか。」
What part of your body do you think is the *most appealing?*（あなたは自分の体のどの部分が一番魅力的だと思っていますか。）

パイプカットと vasectomy

男性の避妊手術で、精管を切断するかまたは一部切除することをパイプカットと言っているが、和製英語である。英語ではこのような手術は、vasectomy と言う。'vas' は vas deferens（精管）、'-ectomy' は、「切除術」である。

「彼はパイプカットをした。」
He had *vasectomy.*

パンティストッキングと pantyhose, tights

パンストとも略されるパンティストッキングは和製英語である。アメリカ英語では、これを pantyhose と言い、イギリス英語では tights と言う。

「強盗たちは、パンティストッキングで覆面していた。」

〈米〉The burglars wore *pantyhose* over their heads.
〈英〉The burglars wore *tights* over their heads.
なお、pantyhose は、不可算名詞である。

フリーターと part-timer

フリーターは、英語の free ＋ドイツ語の arbeit（働く）＋英語の er を結合させたもので、もちろん和製のカタカナ語である。意味は、アルバイトだけで生活をしている人のことであるから、これを英語で表現するには、日本では女性特に主婦のみに限定して使われることの多い part-timer（パートタイムで働く人）を使えばよい。

「この頃、フリーターが多い。」

These days there are a lot of *part-timers*.

ゴールデンウィークと a series of holidays

4月の終わりから5月初旬にかけての期間に存在する休日をゴールデンウィークと呼び、新聞によってはＧＷと省略するところもある。しかし、英語では golden week と言ってもそのような意味はない。英語でゴールデンウィークを表現するには、次のように説明する必要がある。

Golden Week means *a series of holidays* between April 29 and May 5.

（ゴールデンウィークとは、4月29日と5月5日の間の一連の休日のことである。）

リストアップと list

ある種の名簿などを作るとき、名前を「リストアップする」という表現がよく使われている。英語に直すと list up となるが、これは正しい英語ではない。この場合、英語では単に list というのである。例文を見よう。

「検察官は、付近に住む名の知れた犯罪者すべての名前をリストアップした。」

The prosecutor has *listed* the names of all known criminals living in or near the neighborhood.

ベビーホテルと day-care center, creche

日本の都会には働く女性などが幼児をあずける私設の託児所が存在し、そのような託児所をベビーホテルと呼んでいる。これは全くの造語によるカタカナ英語であり、英語には baby hotel という表現はない。ベビーホテルは、英語では、次のように言い表す。

〈米〉day-care center
〈英〉creche

ラブラブと be head over heels in love

　恋人同士が愛し合い、あつあつの状態にあるとき、「彼らは、ラブラブだ」と表現することがはやっている。ラブラブはもちろん英語の love からきたものであるが、英語では love love とは言わない。

　それではラブラブを英語でどのように表現するかと言えば、次のような表現がある。

　They are *crazy about* each other.

　（彼らはお互いに夢中だ。）

　They are *nuts about* each other.

　（彼らはお互いに夢中だ。）

　They are *head over heels in love*.（彼らはあつあつだ。）

　これらの表現のうちでは be head over heels in love が最もパンチがきいている。

アポと appointment

　会合などの約束のことをカタカナ英語でアポと言い、それを用いて「アポをとる」という表現がよく使われる。このアポは、英語の appointment（会合などの約束）を短縮して作ったカタカナ英語である。したがって、本来はアポイントメントと言うべき語である。それでは、「アポをとる」は英語ではどのように言うのだろうか。次の例文のように make an appointment with を使うのがよい。

　「社長からアポをとった。」

　I *made an appointment with* the president.

(2) 意味変更語

アバウトと irresponsible

アバウトは、「アバウトな人間」というような表現で使われ、「いい加減な」という意味である。英語の about が「およそ、だいたい」の意味を持つことからの連想でそのような意味になったと思われるが、about には「いい加減な」の意味はない。その意味を英語で表現するには、irresponsible（無責任な）などを使い、次のように言う。

「彼はアバウトな人間だ。」

He is an *irresponsible* man.

ケースバイケースと depending upon the situation

カタカナ英語のケースバイケースは、「場合によって」の意味である。一方、英語 case by case は、「一件一件、その都度」の意であり、on a case-by-case basis という形で用いられることが多い。例えば、次のように言う。

Financial aid is given *on a case-by-case basis*.（財政的援助は、その都度与えられる。）

したがって、カタカナ英語のケースバイケースを表現するにはdepending upon the situationを使い、次のように言う。

「対策は、ケースバイケースで実施する。」

We take measures *depending upon the situation*.

ゴムと rubber

ゴムは「輪ゴム」「ゴム印」などに使われるが、それに対応する英語の gum は「ゴムの木から採れる粘性の液体」の意であり、材料としてのゴムだけをさす。したがって、製品を表すには gum は使われず、rubber（ゴム製の）が使われる。輪ゴムは rubber band、ゴム印は rubber stamp、ゴム製手袋は rubber gloves、ゴム長靴は rubber boots のように言う。ただし、チューインガムには gum が使われ、chewing gum と言う。また、消しゴムは、eraser である。

コンセントと outlet, power point

コンセントは、「電気プラグを差し込む穴」のことであるが、語源となる英語は consent と思われる。ただし、その関連は不明である。英語の consent（承諾、許可）にはコンセントと同じ差込みという意味はないからである。

コンセントはアメリカ英語では outlet が一般的で、イギリス英語では power point が使われている。例文を示そう。

「出かけるときは、コンセントからプラグをぬきなさい。」

〈米〉Pull the plugs from the *outlets* when you go out.
〈英〉Pull the plugs from the *power points* when you go out.

コンパクトなバッティングと do not overswing

 英語の compact は、形容詞では「堅くしまった、(家、車などが)こじんまりした」などの意味である。一方、その compact を元とするカタカナ英語のコンパクトは、野球の実況放送などで「コンパクトなバッティング」というような表現に使われている。しかし、英語で compact batting とは言わない。compact は、「こじんまりした」という意味で、compact car(小型自動車)や compact style(簡潔な文体)のように物や文体については用いられるが、バッティングには使えない。

 ではコンパクトなバッティングは、英語ではどう言えばよいのだろうか。それは、大振りしないことであるが、アメリカ人はこのような打者の打ち方を細かく区別しないので適当な表現はない。しいて言えば、コンパクトなバッティングとは、大振りしないことであるから do not overswing(大振りしない)というがよかろう。

スマートと slim, slender

 スマートは「体がすらりとして格好がよい」という意味である。しかし、英語の smart を聞いてアメリカ人などが一番先に思いつく意味は「利口な、賢い」という意味である。もちろん smart には「しゃれた、身なりのきちんとした」という意味もあるが、「体のほっそりした」という意味はないのである。スマートを英語で表現するには、次の例文のように slim や slender を使うのがよい。

「スマートになりたいと思っている人は多い。」

Many people want to become *slimmer*.

ナイーブと naive

　カタカナ英語のナイーブは、「無邪気な、素朴な」を意味し、どちらかと言えばよい意味に使われている。しかし、英語の naive は、そのほかに「世間知らずの、幼稚な」などの意味もあり、悪い意味に使われることもある。He is *naive*. と言えば、「彼は幼稚だ」という意味にもなるのである。ナイーブは、naive の持つ意味のうちの1つだけを取り出したものにほかならない。ここでも意味の限定によるカタカナ英語化が行われている。

ヒップと bottom

　カタカナ英語のヒップは、「尻」の意味であり、尻全体をさす。しかし、英語の hip は、尻ではなく腰から下の左右に張り出した部分のことである。したがって、hip は各人に2つずつあるのである。そこで She has wide hips. と言えば、「彼女の腰回りは大きい」という意味になってしまう。「ヒップが大きい」という意味を表現するには bottom を使い、次のように言う。

「彼女はヒップが大きい。」

She has a big *bottom*.

スタイリストと stylist

　スタイリストには、「衣類やヘヤースタイルなどのデザイナー」の意味のほかに、「おしゃれな人」の意味もある。しかし英語の stylist には、前者の意味はあるものの後者の意味はない。それゆえ、おしゃれな人という意味のスタイリストを英語で表現するには、次の例文のように「衣服に細心の注意を払う人」のように言い換える必要があろう。

　「叔父はスタイリストだ。」

　My uncle *pays much attention to what he wears*.

プレーボーイと womanizer

　プレーボーイとそれの元となった playboy の間にも相当な意味の差がある。日本語辞書の定義と英英辞書の定義を比べてみると両者の意味の違いが明確になってくる。

　プレーボーイ　「女性を次々と誘惑してもてあそぶ男。また、遊び上手で粋な男」(『広辞苑』)

　playboy　a wealthy, carefree man who devotes most of his time to leisure, self-amusement, and hedonistic pleasures, conventionally frequenting parties and night clubs, romancing a rapid succession of attractive young women, and racing speedboats or sports cars.（金持ちでのんきな男。自分の時間の大部分を自己快楽のために使い、習慣的にパーティやナイトクラブに出没し、若くてきれいな女性と次々に恋愛し、スピードボートやスポーツカーを疾走

させる男である。）*Random House Dictionary of the English Language*（1973）

英語のplayboyには「金持ち」「スポーツカーやボートを疾走させる」などの意味があるが、プレーボーイにはそのような意味合いはない。プレーボーイは、言うなれば単に「女たらし」のことである。そこで、プレーボーイを英語で表現するにはwomanizerがよかろう。

「彼はプレーボーイだ。」

He is a *womanizer*.

ダウンと come down

軽い病気などで床についたときなど「ダウンした」などと言い、ダウンは動詞として使われているが、英語のdownにはそのような意味はない。ただし、副詞としてのdownには「（病気で）寝込む」という意味があるので、次の例文のように言うことができる。

「先週、インフルエンザでダウンした。」

I *came down* with the flu last week.

ジャンパーと jacket

日本で一般的に着用されているジャンパーは英語ではjacketと呼ばれる。jumperではないジャンパーと元の英語のjumperは、意味が全く異なるのである。jumperは、アメリカ英語ではpinafore dress（ジャンパースカート）のことであり、イギリス英語ではsweater（セーター）の

ことである。

このように、カタカナ英語のジャンパーは jumper の意味を誤解した意味変更語にほかならない。

メリットと advantage

カタカナ英語のメリットは「利点、長所」という意味で使われ、その反意語は、デメリット（短所、不利益）である。「メリットとデメリット」のようにペアーでよく使われる。このメリットとデメリットは、英語の merits and demerits からきたものである。

しかし、長所と短所を表すには英語には advantages and disadvantages という表現があり、こちらの方が一般的である。メリット・デメリットは、日本語の中で使われているほど英語では使われてはいないのである。特に、demerit は形式ばった語で頻度は低い。例文を示そう。

「この計画のメリットとデメリットは何か。」

What are the *advantages and disadvantages* of the project?

メリットとデメリットは、英語の意味を変更したものではないが、英語ではあまり使われない表現を日本語の中に取り入れている例の１つである。

ハプニングと something unexpected

カタカナ英語のハプニングは、何かが行われている最中に起きる「予想しなかったこと、意外な出来事」である。一方、英語の happening は、「出来事、事件」を意味し、the happenings of the week（一週間の出来事）のように使われる。happening には、予想しなかったこととか意外な出来事という意味はないのである。したがって、英語でハプニングの意味を表現するには something unexpected（予想しなかったこと）を使い、次のように言う。

「会議の最中、ハプニングが起きた。」

Something unexpected happened during the conference.

パワーアップと become more powerful

英語の power up は、「宇宙船・装置などの動力を増加させる」という意味であり、主に機械について使われる。しかし、カタカナ英語のパワーアップは、「阪神もパワーアップした」などのように人の集団などについても用いられている。これは明らかに英語の power up の意味を誤用したものである。パワーアップを使った表現を英語で言うには、次のように become more powerful（より強力になる）などを使うのがよい。

「M投手の加入で阪神はパワーアップした。」

The Tigers have *become more powerful* since pitcher M joined them.

第 3 章

交通・通信

(1) 造語

フロントガラスと windshield

　日本における自動車の部分名の言い方には造語による和製英語が多く見られる。例えば、フロントガラスは英語では windshield、ハンドルは steering wheel、バックミラーは rearview mirror である。

　興味深いのは自動車部分名のカタカナ英語にはアメリカ英語とイギリス英語の両方が適宜使われているということである。例えば、ボンネットはイギリス英語の bonnet から、フェンダーはアメリカ英語の fender からきたものである。ボンネットはアメリカ英語では hood と言い、フェンダーはイギリス英語では wing と言っている。

　また、マフラー、アンテナはアメリカ英語の muffler、antenna からきたものであるが、ナンバープレートはイギリス英語の number plate からきている。マフラー、アンテナはイギリス英語では silencer、aerial と言い、ナンバープレートはアメリカ英語では license plate である。

　なお、ガソリンはアメリカ英語の gasoline からきているが、アメリカ英語では現在では省略して gas と呼んでいる。イギリス英語ではガソリンは petrol である。

　以上のことをまとめると次のようになる。

	〈米〉	〈英〉
ボンネット	hood	bonnet
フェンダー	fender	wing

マフラー	muffler	silencer
トランク	trunk	boot
アンテナ	antenna	aerial
ナンバープレート	license plate	number plate
ガソリン	gas（gasoline）	petrol

エンストと stall

　エンストは、エンジンの停止を意味するエンジン・ストップを短縮した和製英語である。英語では、そのようには言わず、「（エンジン・車が）止まる」という意味の stall が用いられる。

「東名高速で車がエンストを起こした。」

My car *stalled* on the Tomei Expressway.

チケットレスサービス

　これは運輸省が進めている計画の1つで、「各種交通のチケットをパソコンを利用して自宅で購入できるようにするサービス」のことである。ticketless（キップのない）と service を結びつけたものであるが、ticketless service は英語では、「キップがないサービス」ということになってしまい、ナンセンスである。

　もし英語で言うとしたら、buy a train ticket through the Internet（インターネットで列車のキップを買う）などの表現を使うほかはなく次のようになろう。

「当社は、チケットレスサービスを計画しています。」

We plan to offer a ticket service by which people can *buy train tickets through the Internet.*

ダイヤルインと Tel, Phone, Ph

　ダイヤルインは大きな会社などで代表の電話番号ではなく、それぞれの部や課に外から直接かけられる電話番号のことである。これも和製英語で、英語ではこのような表現はない。英米などでは電話番号は直接かけられる番号を意味するのでダイヤルインと特記する必要はないわけである。

　したがって、英語でダイヤルインを表すには単に職場の電話番号を書けばよいことになる。「電話番号」を示す略語は、イギリス英語では Tel であるが、アメリカ英語では Phone、オーストラリア・ニュージーランド英語では Ph が一般的であるから、顧客や相手先などの国籍に応じてこれらのうちのどれかを使ってダイヤルインの代わりに書けばよいわけである。

　例えば、ダイヤルイン　075-222-7777を名刺などに英語で表示するときは、相手がアメリカ人だったら Phone：075-222-7777とすればよい。

モーニングコールと wake-up call

　この語が和製英語であることは以前から言われてきたが、依然として使われているので取り上げることにする。モーニングコールは、英語では morning call と綴るが、外国人には全く通じない。英語では wake-up call と言うから

である。

「明日の朝6時にモーニングコールをお願いします。」

Could you give me a *wake-up call* at six tomorrow morning?

プッシュホンと push-button phone

カタカナ英語で言うプッシュホンを、英語では push-button phone と言っている。英語表現から button をはぶき両端の2語を結びつけてできた語がプッシュホンである。このようにしてできた和製英語は多い（第7章参照）。

電話と言えば、携帯電話の普及はすさまじい勢いであるが、日本では「ケイタイ」という表現が一般化し、セルホーン（cell phone）とかモーバイルホーン（mobile phone）というようなカタカナ英語が一般化しなかったのは不思議である。

(2) 意味変更語

パンクと blow out, flat tire

「タイヤがパンクした」という場合のカタカナ英語パンクは、英語の puncture を短縮したものだが、意味が異なる。punctureは、「(タイヤなどを)(釘などで)パンクさせる」という意味であり、しかもあまり用いられない語である。したがって、パンクについて英語で表現するには、次の例のように blow out（パンクする）、flat tire（パンクしたタイヤ）などの表現を使うのが普通である。

「中央高速で、タイヤがパンクした。」

The tire *blew out* on the Chuo Expressway.

I had a *flat tire* on the Chuo Expressway.

モータープールと parking lot, car park

カタカナ英語のモータープールは、「駐車場」の意味で用いられている。これは、全くの和製英語で、英語の motor pool には、このような意味はない。motor pool は、「(通勤時の)輪番自家用車運転」を意味し、同じ会社などに通勤する人々が、交代で自家用車を運転し、1台の車に相乗りすることを意味する。このようにすることにより、例えば、5人の人が5台の車で別々に通勤していたものが1台ですむことになり、その結果、道路を走る車の量を減らすことになるのである。アメリカで奨励されている運転

方法である。We started a *motor pool*.（私たちは、輪番運転を始めた）のように言う。なお、「駐車場」を意味するモータープールに相当する英語は、アメリカ英語とイギリス英語では次のように異なる。

〈米〉parking lot
〈英〉car park

ダイヤと train schedule

　カタカナ英語のダイヤは、「列車時刻表」と「ダイヤモンド」の2つの意味で用いられている。ダイヤモンドの意味のダイヤは分かりやすいが、「列車時刻表」の意味のダイヤの元は分かりづらい。このダイヤは、英語の diagram（表）からきたもので、ダイヤグラムを短縮したものである。列車時刻表が表になっていることから使われるようになった語である。しかしながら、diagram は「表、図表」を意味するだけで列車時刻表の意味はない。そこでダイヤを英語で表現するには、train schedule（列車時刻表）を用いて次のように言う。

「本日はダイヤが乱れています。」

The *train schedule* is disrupted today.

フリーと go-as-you-please pass

　英語の free は日本語に入ってカタカナ英語となると意味が相当ずれてしまう。例えば、JR のフリーキップに使われているフリーがそのよい例であろう。この場合のフリ

ーは、英語の free とは意味が全く異なる。つまりこの場合のフリーは、ある特定区間内なら JR の列車に乗り降りが「自由にできる」という意味に使われている。しかしこれは、free という英語にはない意味である。それどころか英語の free には「無料の」という意味があるので、フリーキップを英語に直して free ticket と言えば、「ただでもらえるキップ」という意味になってしまう。

　それ故フリーキップという表現は、外国人にとっては紛らわしい表現で、苦情が多いとか。筆者の友人のアメリカ人も「山形庄内フリーキップ」などの広告を見て JR の「みどりの窓口」に行ったところ、フリーキップは有料であることを知って驚いたと言っていた。

　英語では、このような乗車券を go-as-you-please pass（好きなように乗り降りできるパス）などと呼び、pass を使って表現している。そこで山形庄内フリーキップは、「山形庄内パス」としたほうが外国人の誤解を招かない。

　フリーパスという表現も誤解を招く。その意味は、「無審査・無試験・無検閲で通過・合格できること」であり、「顔パス」を含む。しかし、英語の free pass は、「鉄道・娯楽施設の無料乗車券」を意味し、あくまで「無料」を意味するだけで、フリーパスのような意味はない。

第4章

商業・経済

(1) 造語

キャッシュコーナーと ATM, CASH POINT

銀行の建物の一角などにキャッシュコーナーと書いてあり、現金自動預け入れ支払機が設置されている。このキャッシュコーナーを英語に直すと cash corner であるが、これは和製の造語で英語ではこのようには言わない。アメリカ英語とイギリス英語ではそれぞれキャッシュコーナーは次のように言う。

〈米〉ATM

〈英〉CASH POINT

ATMは、automated teller machine（現金自動預け入れ支払機）の略であり、CASH POINT は「現金自動支払機」の意である。

なお、コーナーはデパートの化粧品コーナーとか展示会の食品コーナーなどにも使われているが、英語ではこのような場合 corner とは言わない。department や section を使い、cosmetics department（化粧品コーナー）とか、food section（食品コーナー）などと言う。

セーフティーボックスと safe

最近の一流の外国ホテルでは各部屋に貴重品を保管できる金庫がおいてある。これをカタカナ英語では、セーフティーボックスと呼んでいる。しかし、これは英語ではなく、

safety box と言っても通じない。英語では次の例文のように単に safe（金庫）と言う。

「部屋のセーフティーボックスの使い方を教えて下さい。」

Could you tell me how to use the *safe* in my room?

セールスポイントと selling point, one's strong point

商品などの売り込みの際に強調する特徴をセールスポイントと言うが、英語では selling point と言う。ただし、人間の場合は、one's strong point と言うこともできる。

「この車のセールスポイントは、環境にやさしいことです。」

The *selling point* of this car is that it is ecofriendly.

「彼女のセールスポイントは、弁舌さわやかなことです。」

Her strong point is eloquence.

ソープランドと massage parlor

ソープランドは、風俗営業をする特殊浴場のことであるが、全くの和製英語である。英語で soap land と言っても「石鹸の土地」となって意味をなさない。英語では、このような風俗営業店は、massage parlor と呼んでいる。massage parlor は、brothel（売春宿）の婉曲表現としても使われている表現である。周知のように、ソープランドは、もともとはトルコと呼ばれていたが、その呼称がトル

コという国名を表すので不適当だというトルコ人からの指摘があったために変えられた呼称である。

タウンページと Yellow Pages

タウンページは、NTTの職業別電話帳の愛称である。英語では、そのような電話帳は Yellow Pages と呼ぶので、タウンページは、純然たる和製英語である。NTTがタウンページを造語するとき、英語の yellow も page も普通の日本人が知っている単語であるから、Yellow Pages をそのままカタカナにしてイエローページズとしても抵抗はなかったはずである。そうしていれば、日本人は正式な英語の単語を日常的に使用できたことであろう。NTTはなぜこの正式な英語を日本語に導入しなかったのであろうか。

ファミリーレストランと restaurant

家族がそろって食事できるレストランをファミリーレストランまたは略してファミレスと言うが、英語にはそのような表現はない。英米などでは、特に家族用のレストランというものはなく、いずれのレストランも restaurant である。そこで、ファミリーレストランを含んだ日本文を英訳するとすれば例文のようになる。

「昨日ファミリーレストランに家族全員で食事に行った。」

Yesterday all of us went out to eat at a *restaurant*.

ブランドと brand-name

　カタカナ英語のブランドは「ブランドもの」などというように「有名ブランド品」の意味で使われている。しかし、英語の brand は、単に「商標」であり、有名ブランドの意味はない。英語でそれを表現するには、brand-name（有名ブランドの）を使う必要がある。そこで例文を見よう。

「女子高生は、ブランドもののバッグが好きだ。」
High school girls like *brand-name* bags.

ビジネスホテルと hotel for reps

　出張したセールスマンなどが利用する料金が比較的安いホテルをビジネスホテルと呼んでいるが、英語には business hotel というものはない。そのようなホテルも hotel である。ただし、外国人に説明するときは次の例のように hotel for reps（セールスマン用ホテル）などと言うのがよい。

「大阪に出張したときはビジネスホテルに泊まる。」
I stay at a *hotel for reps* when I go to Osaka on company business.

ラブホテルと hotel for lovers

　日本では、各地にラブホテルがある。ラブホテルは、英語に直すと love hotel となるが、英語使用国にはこのよう

な表現もないし、その種のホテルもない。前項でも述べたように、ホテルはどんなホテルでも hotel である。

しかしラブホテルを英語で説明しなければならない場合もある。そのときは、hotel for lovers（恋人たちのためのホテル）といえばよいであろう。

なお、ラブホテルの意味を知ったアメリカ人の友人は次のように言った。

「ラブホテルという表現は、性に関することを個人的な秘め事とするアメリカ人にとっては異様に響く。なぜなら、ラブホテルはその目的がはっきりしているので、その秘め事を公開していることになるからだ。もちろんアメリカの恋人たちもホテルやモーテルに行くことはある。しかし、彼らはそのことを口外はしないのである。それはあくまで秘め事だからである」と。このコメントは、性に関する英米人一般の考え方を代表しているようである。

ホストクラブ

男性の接客係が女性客をもてなすホストクラブは、日本独特のクラブのようである。少なくとも英語使用国では見られない。したがって、ホストクラブを英語に直して host club と言っても英米人には何のことか分からない。そのため、ホストクラブのことを彼らに話すときは、次のように英語で説明するしかあるまい。

A 'host club' in Japan is a bar-like place where handsome, sociable men called 'hosts' entertain female guests.

（ホストクラブとはホストと呼ばれるハンサムで社交的な男性が女性客をもてなすバーのような所である。）

コーポと apartment house, block of flats

コーポは「春秋コーポ」などというように、アパートの建物の名前によく見られる。語源は、英語の cooperated（協同の）である。共同住宅を表現するためにこの cooperated に house をつけて和製英語のコーオパレイティドハウスが作られ、それを省略してコーポができたわけである。このようなアパートの建物はアメリカ英語では apartment house と言い、イギリス英語では block of flats と言っている。これらの名前は英米でもさまざまであるが、あとに cooperated をつけることはない。

サラリーマンと office worker

カタカナ英語のサラリーマンは英語の salary と man を結合させてできた和製英語である。これを英語として使っても意味が通じないことはないが、やはり変な英語である。英語でサラリーマンを表現するには office worker を使って、次の例文のように言うのがよい。

「父はサラリーマンです。」

My father is an *office worker*.

サイドビジネスと moonlighting

「副業」という意味でサイドビジネスというカタカナ英語が使われている。英語に直すと side business であるが、英語としては成立しない表現である。それではどんな英語表現がサイドビジネスという意味で使われているかと言えば、moonlighting である。この語は「かけもちで仕事をすること」の意であり、サイドビジネスにぴったりである。動詞は moonlight である。moonlight は「月光」であり、夜間にサイドビジネスをするという連想なのである。例文を1つ。

「アメリカにはサイドビジネスを持つ教師もいる。」

Some teachers *moonlight* in the USA.

(2) 意味変更語

キャッシングと borrow money

　現在の日本ではクレジット会社から個人が金を借りるローンが大流行である。そのため、街頭の広告の中にはクレジット会社の広告も多く、そこには「ATM機でもキャッシングOK！」とか、「プランに合わせたキャッシング！」などと書かれている。そのような広告には決まってキャッシングというカタカナ英語が使われているのである。

　このキャッシングの意味は、「借りるお金をすぐに直接受け取れること」と解釈できる。つまり「ATM機でもキャッシングOK！」の意味は、「ATM機から借りる現金を直接受け取ることもできます」ということである。

　そこでこのキャッシングを英語のcashingと比べてみると全く意味が異なるのである。cashingの原形のcashは「(トラベラーズ・チェックなどを) 現金に換える」という意味であり、I would like to *cash* these traveler's checks.（このトラヴェラーズ・チェックスを現金に換えたいのです）のように使われる。これはcashを-ing形にしたcashingでも意味は変わらない。つまり、cashに「借りるお金を受け取る」という意味はないのである。したがって、カタカナ英語のキャッシングは英語cashingの意味を全く曲解した語にほかならないのである。

　英語でキャッシングを表現するためにはborrow（借りる）などを使い、次のように言う必要がある。

「ATM機でもキャッシングOK！」

You can *borrow money* from our ATM as well.

「プランに合わせたキャッシング」

You can *borrow money* according to your plan.

サービスと discount, gift

　カタカナ英語のサービスは、商店などで店員が客に「5パーセントのサービスします」と言う場合は割引（discount）の意であり、「これはサービスです」と言う場合は、「景品」の意である。しかし、英語のserviceは「奉仕、公共施設、接客、兵役」などを意味し、カタカナ英語のような意味はない。サービスは、serviceの意味を改変した言葉である。英語では次の例文のようにdiscountやgiftを使う。

「5パーセントのサービスします。」

We will give you a five-percent *discount*.

「これはサービスです。」

This is a *gift*.

キャンペーンと sales campaign

　キャンペーンという語は、日本語の中で「ただ今キャンペーン中です」というテレビのコマーシャルなどに頻繁に使われている。意味は、「販売促進宣伝活動」である。しかし、英語のcampaignは単独ではその意味はない。campaignは「運動、組織的活動、軍事行動」であり、

campaign against smoking（禁煙運動）、air campaign（空爆）などのように、ほかの語とともに用いられることが多い。したがって、販売促進宣伝活動と言うためには sales（販売）をつけて sales campaign と言う必要がある。例文を見よう。

「ただ今新車のキャンペーン中です」
We are having a *sales campaign* for a new model.

コンパニオンと attendant

カタカナ英語のコンパニオンは、「パーティーや展示会などの接客係」の意味で使われている。しかしこれらの意味は、英語の companion の意味から全く逸脱したものである。companion の意味は、「仲間、道づれ」や「（老人病人などの）話し相手」であり、日本のコンパニオンのような意味はない。コンパニオンに相当する英語は、次の例のように attendant（接客係）がよい。

「私たちは、コンパニオンにパーティー会場に案内してもらった。」
We were ushered by the *attendants* into the party.
「各展示の前にはコンパニオンが立っていた。」
An *attendant* stood in front of each exhibition.

システム

システムという語も、システムキッチン、システム金融などのように英語にはない用法が日本語の中でまかり通っ

ている。システムキッチンは、台所セットのことで、その広さに応じて流し台、ガス台などを自由に組み合わせることができるものを言う。しかし欧米では台所は普通かなりスペースがとってあり、流し台やガス台なども備え付けになっているからシステムキッチンのような台所セットの必要がない。台所はいずれにしても kitchen である。

システム金融とは何であろうか。これは、日本の経済不況に乗じて出現したヤミの高利貸しのことである。顧客と直接顔を合わせないように郵便やファクシミリで勧誘し、法外な高金利で金を貸す業者である。利子は、月50％にもなるという。この場合のシステムは、悪辣な高利貸しがそのごまかし商法を隠すための隠れみのとして用いている語である。しかしもちろん、英語の system には「高利貸し」の意味はない。英語では、不法な高利貸しのことは loan shark と言う。

テナント募集中と ROOM FOR RENT, TO LET

日本の都市ではビルの貸店舗などに「テナント募集中」の広告がよく出されている。その意味は「ビルの貸店舗の賃借人」のことである。これを英語の tenant と比べると著しく意味が限定されている。tenant は「借地人、借家人」の意味であり、テナントよりはるかに広い意味を表すからである。アパートの間借り人も tenant なのである。

しかし、アパートの「テナント募集中」という場合、英語では tenant という語は普通使わず、アメリカ英語では for rent、イギリス英語では to let を使い、次のような看

板を出している。いずれも意味は「貸間あり」である。
〈米〉ROOM FOR RENT
〈英〉TO LET

マンションと condo

マンションというカタカナ英語が、主に「分譲アパート」を意味する語として日本語に定着してから久しい。したがって、英語の mansion が「部屋が30とか50あるような大邸宅」の意味であり、日本のマンションとは意味が一致しないこともかなり知られているだろう。

カタカナ英語のマンションに相当するものは英語では、普通 condo と呼ばれている。この語は condominium の略である。

ラウンジと bar

英語の lounge は、「休憩室、談話室」を意味する語である。しかし、その語から生まれたカタカナ語のラウンジは、'サントリーラウンジ' のように「バー、酒場」の意味にも使われている。これは、英語の lounge とはかけ離れた用法である。したがって、英語でこのバーの名を表す場合は lounge ではなく bar を使い、Bar Suntory のようにする必要がある。

ペーパーカンパニーと bogus company

カタカナ英語ではペーパーという言葉が、ペーパーカンパニー、ペーパードライバー、ペーパーテストなどという合成語でよく使われている。ペーパーカンパニーと言えば「実体のない、いかがわしい会社」のことであり、ペーパードライバーと言えば、「運転免許を持ちながら運転しない人」のことである。また、ペーパーテストは「筆記試験」の意味である。

このようにペーパーはいろいろな意味で使われているが、英語の paper にはそれらにぴったりの意味はない。paper には「非現実的」の意味があるので、その連想からペーパーカンパニーやペーパードライバーが生まれたと思われる。

しかし、paper company と言えば「製紙会社」という意味になってしまうし、paper driver は「紙製の運転手」などという変な表現となってしまう。また、paper test は全く予想外の「紙質検査」という意味である。

そこで、ペーパーカンパニーを英語で言うには次の例文のように、bogus（いかがわしい）を用いて表現するのがよく、またペーパードライバーは、「運転免許は持っているが、運転はしない」というふうに言い換えて表現するべきである。

「その銀行は、数十のペーパーカンパニーを持っていた。」

The bank had dozens of *bogus companies*.

「私はペーパードライバーです。」

I have a *driver's license, but never drive*.

メーカーと **manufacturing company**

　学生たちはよく「メーカーに就職したい」などと言っているが、この場合のメーカーは「製造業の会社」を意味する。これに対し、英語の maker も同様な意味を持つが、使われ方が少し違う。maker は、automaker（自動車製造会社）、dressmaker（婦人服の仕立て屋）、watchmaker（時計店）のようにほかの語と一緒になって使われているからである。

　したがって、ただ単に製造業の会社の場合は、次の例文のように manufacturing company という表現を使うのがよい。

「メーカーに就職したい。」

I want to work for a *manufacturing company*.

バイキングと smorgasbord, buffet-style

　バイキングは、客が自由にとって食べられる料理のことであり、そのような料理を出すレストランはバイキングレストランである。このカタカナ英語の元となった英語は、Viking であるが、これは周知のように 8 世紀から10世紀にかけてヨーロッパの沿岸で略奪を繰り返したスカンジナビアの海賊を意味する。しかし Viking にはバイキング料理の意味はない。

　英語では、日本のバイキング料理に当たるものを smorgasbord と呼んでいる。この語は、スウェーデン語から英語に入った語で、客が自由にとって食べる品数の多いスカンジナビア風料理のことである。アメリカではこのような料理を出すレストランには大きく SMORGASBORD と書いてある。

　しかし、一般にバイキングは立食パーティ式に料理を自由にとって食べるレストランをさすのだから、それを表すにはむしろ buffet-style を使えばよい。例文を見よう。

「あれはバイキングレストランだ。」
　That is a *buffet-style* restaurant.

フライドポテトと French fries, chips

　フライドポテトを英語に直すと fried potatoes となるが、英語では別の物をさす。fried potatoes は、じゃがいもを薄く切り、油で炒めたものである。それゆえ、カタカナ英語のフライドポテトは fried potatoes の意味を誤用したも

のにほかならない。

　それでは、フライドポテトを英語ではどのように表現するかと言えば、英米で異なる語が使われている。

〈米〉French fries
〈英〉chips

　ちなみに、カタカナ英語の「ポテトチップス」はアメリカ英語からきたもので発音は少々違うが英語に近い。そのポテトチップスも英米で表現が異なる。

〈米〉potato chips
〈英〉crisps

リニューアルと remodel

　リニューアルは、「リニューアル工事中」のような文でよく用いられている。意味は「改装」である。これに対して英語の renewal は、「更新、取り替え、回復」などの意味で用いられ、the renewal of a driver's license（運転免許の更新）、the renewal of water in the tank（水槽の水の取り替え）などのように使われることが多い。建物の改装の意味で使うことはない。

　英語で「建物などを改装する」を表現するのに一般的に用いられている語は remodel である。これを使って新聞記事を英訳すると次のようになる。

「奈良県は1996年から67億円かけて本庁舎のリニューアル工事中である。」

The Nara Prefectural Government has been *remodeling* its main office building since 1996 at the cost of

6.7 billion yen.

リフォームと **remodel, tailor**

リフォームは、「家を改築する、内装を変える、衣服を作り直す」という意味で使われている。しかし、英語のreformにはそのような意味はない。reformは動詞では「改革する、改良する」という意味で用いられ、The government *reformed* the educational system.（政府は教育制度を改革した）などのように使われる。したがってカタカナ英語のリフォームは、英語のreformの意味を変更していることになる。英語で「（家などを）リフォームする」にぴったりの語はremodelであり、「衣服を作り直す」場合にはtailorが適している。

「私たちは、あなたの家のリフォーム（改装）をお手伝いします。」

We will help you *remodel* your house.

「部屋のリフォームは当社におまかせ下さい。」

You can count on us when you want to *remodel* the interior of your house.

「店内リフォームのため休業中」

Closed For *Remodeling*

「当店は、洋服のリフォームを行っております。」

We *tailor* your suits.

マイと my

　日本語の中で異常に多用され、本来の英語とは異なる使われ方をしているカタカナ英語の例がマイである。マイ（my）は英語の綴りのままでも使われるが、マイというカタカナ英語の形でも使用されていることは周知のとおりである。

　マイホームやマイカーをはじめ、東京にはマイロードという名の通りもあるし喫茶店もある。ラグビーの試合では、自分のチームのボールをマイボールと呼んでいる。自分のやり方で物事をすることを「マイペースでやる」と言う。東京都の元知事の政策の1つは「東京マイタウン構想」であった。

　このようなマイの多用を象徴するのは、東京副都心の玄関口である新宿駅の駅ビルの名前となっているマイシティであろう。この駅ビルには壁になんと MY CITY と英語の文字が大書されているのである。MY CITY は夜はネオンで映し出されるため新宿の繁華街を訪れる何十万の人々が毎日目にするのである。

　このようにマイは、日本人の言語生活に深く入り込んでいるのであるが、これは他の国々では見られない現象である。だから外国人はこの状態を見ると驚いてしまうのだ。例えば、取材で日本を訪れたイギリスの BBC 放送の記者は、マイの多用について次のように述べている。

　Ownership is important. If you don't live in a *man-shon* you live in a *mai-homu*（my home）. The Japanese now have *mai-kaa, mai-town,* and *mai-com*（my computer). (所有が重要なのである。もし人がマンションに住んでいないとすればマイホームに住んでいるのである。日本人は今や、マイカー、マイタウン、マイコンを使っている。) Robert McCrum et al. 1986 *The Story of English,* p. 43.

　マイが頻繁に使われていることは、この記者にとってはとてもめずらしい現象であった。また、彼の観察の中で、日本では所有が重要視されているという記述は、外国人の持つ一般的感想を代表していて興味深い。マイを頻用することは、日本人が物についての自己所有を強調しているように感じられるわけである。

　確かにマイホームと言えば「おれの家、わたしの家」だし、マイカーと言えば「おれの車、わたしの車」だし、マイロードと言えば「おれの通り、わたしの通り」を意味する。しかしこんなにもマイ、マイ、マイと繰り返されると、日本人みんなが自分の家や車や通りを指さして「おれのだ」「おれのものだ」と叫んでいるように聞こえてしまうということだろう。

　マイシティも同じである。その意味は「おれの街」「わたしの街」であり、日本人みんなが「ここはおれの街だ」と訴えているようなニュアンスで受け取られることもあるのだ。外国人が驚くのも一理あると言えよう。

モラルハザードと moral hazard

　モラルハザードというカタカナ英語が最近マスコミなどでよく使われている。テレビ討論などで何回か耳にしたこ

とがあろう。確かにこの語は正しい英語に基づいており、その使用は決して誤りではない。しかしながら、英語としては非常に特殊な専門用語であり、一般の英米人も知らない語である。このような語をカタカナ英語としてマスコミなどが用いることは不適当であると言えよう。その意味で、ここで扱うこととした。

モラルハザードの意味は、「道徳的危険」である。道徳的危険とは、『官公庁のカタカナ語辞典』第2版によれば、「預金保険制度が過度に整備された結果、金融機関がそれに依存し健全な経営を怠るとか、保険に加入したことによって、かえって損害に対して無関心になること」である。

しかしながら、困ったことにモラルハザードの元となるmoral hazard は、ほとんどの英米人が知らない語なのである。筆者も、イギリスの大学講師を含む大勢の英米人に尋ねてみたが、誰一人知らなかった。

それもそのはず、moral hazard は英英辞典によれば保険の専門用語なのである。*Collins English Dictionary* (1998) によってその意味を見ると次のごとくである。

moral hazard n *insurance*. a risk incurred by an insurance company with respect to the possible lack of honesty or prudence among policyholders.

(**moral hazard**［名詞　保険用語］保険加入者の正直さや思慮分別の欠如によって保険会社がこうむる危険)

カタカナ英語のモラルハザードは、この英語の moral hazard の意味を援用したものと思われる。しかし、このような特殊用語を日本語に取り込み、テレビ討論などで使用してもほとんどの視聴者にとっては意味不明のナンセン

ス語に過ぎないだろう。特殊な難解語を使うことが有益であるとは到底思えない。このような風潮はむしろ有害である。それ故 moral hazard は、カタカナ英語として日本語の中に取り入れてはならない用語の1つである。

第5章

社会・政治

(1) 造語

アーバンエコロジーパーク

これは総理府が進めている整備事業の1つで、「都市に作られる自然生態観察公園」である。その趣旨は、野鳥などの小動物と親しむことができる公園であるが、全くの和製英語である。英語でその種の公園を表現するには、a park in a city where you can enjoy birds or other small animals のように説明する必要がある。

ケアハウスと nursing home

介護施設が整い医療も受けられる老人ホームをケアハウスと呼んでいる。確かに care には「介護」の意味があるので house と組み合わせれば介護施設となりそうであるが、英語にはこのような表現はない。

英語では、介護や医療のサービスが受けられる老人ホームを nursing home と呼んでいるので、これがケアハウスに相当すると思われる。

ゴーサインと go-ahead, green light

ある計画などを実施しようとする場合、責任者から出る許可のことをカタカナ英語でゴーサインと言う。英語の go と sign を組み合わせたものであるが和製英語である。

英語ではこのような場合は、give the go-ahead とか give the green light などの表現を使う。例文を見よう。

「大統領は、空爆にゴーサインを出した。」
The President gave the *go-ahead* to the air strikes.
「知事は、ゴミ焼却炉の建設にゴーサインを出した。」
The governor gave the *green light* to the construction of incinerators.

ゼロシーリングと do not exceed last year's budget

各省が出す予算の概算要求額が前年の額を超えないようにすること、すなわち予算の伸びをゼロに押さえることをゼロシーリングと言っている。しかし、英語には zero ceiling という表現はない。英語で表現するには、次の例のように not exceed を使い「予算は昨年の額を超してはならない」というように説明するしかないであろう。

「予算編成の目標はゼロシーリングである。」
The goal of working out the budget is that it should *not exceed last year's*.

テレワークと telecommuting

平成10年度の『発達障害白書』は、「企業が積極的にテレワークを導入することが障害のある人の雇用を進める上で効果的であると考えられる」(p. 43) と記述している。テレワークとは、コンピューターなどの情報通信技術を活用しての在宅勤務をさす。しかし、これは和製英語であっ

て英語ではない。英語では、テレワークは、telecommuting という。したがって、障害白書からの引用文を英訳すると次のようになる。

The companies' efforts to promote *telecommuting* will help the disabled get jobs.

インテリジェントアワード

インテリジェントは、「高度な情報機器を備えた」という意味で、インテリジェントビルやインテリジェントネットワークなどというふうに使われている。これらは、英語の intelligent building, intelligent network に対応する表現で和製英語ではない。しかし、建設省が毎年行っているインテリジェントアワード（優良なインテリジェントビルなどを表彰する制度）は、和製英語である。これは英語では、an award for the construction of a superior intelligent building のように言う必要がある。

テープカット と cut the ribbon

ある行事などの始まりに行われるテープカットという言葉も、全くの和製英語である。英語では、テープの代わりに ribbon（リボン）を使って次のように言う。
「静岡市長が、葵祭の開始を告げるテープカットをした。」
The mayor of Shizuoka *cut the ribbon* to open the Aoi Festival.

ニューハーフと gay dressed like a woman

ニューハーフは、女装している男性の同性愛者で、一見したところ女性に見える人をさす和製英語である。女装しないものはホモまたはゲイと称するとか。英語では、同性

愛者はhomosexualであり、男性のそれはgay、女性はlesbianと呼んでいる。したがって、ニューハーフに当たる英語はない。しいて言えばgayを使って、gay dressed like a womanとなろう。

エコシティ

平成10年度『建設白書』によれば、エコシティは「環境モデル都市」である。エコはeco(「生態の」の意の接頭辞)からきたもので、シティはもちろんcityである。しかし、ecocityという英語表現は存在せず、これは全くの和製英語である。もしこれを英語で表現するとすれば、a model city with ecofriendly facilities(環境にやさしい施設のあるモデル都市)ということになろう。

オートビレッジ構想

オートビレッジは運輸省の用語であるが、これは、「炊事場、トイレ、温水シャワーなどの基本的な設備に加えてパソコン通信なども備えたキャンプ場」を意味する。しかし、英語にはこのような表現はないので、オートビレッジは和製英語であろう。英語で表現するには、a computerized camping siteがよかろう。

オートは、このほかにもオートキャンプ、オートチューニング、オートリゾートネットワーク構想などに使われているが、いずれも和製英語である。

ネックと bottleneck

ネックというカタカナ英語は、「障害、妨げ」という意味で使われているが、英語の neck（首）にはそのような意味はない。ではどこからネックが出てきたかといえば、ボトルネック（bottleneck）を短縮して作られた和製英語なのである。bottleneck には「障害」の意味があるから、ネックは本来ボトルネックと言わなければならない語である。

「財政再建の最大のネックは、政府の巨額の債務である。」

The most serious *bottleneck* in the recovery of the economy is the huge government debt.

バスジャックと hijack

2000年5月4日、九州・中国地方において高速バスが、17歳の少年によって乗っ取られた。そのとき、日本のマスコミは、バスジャックというカタカナ英語を造語して報道した。このバスジャックは英語のように聞こえるが、実は全くの和製英語であり、英語には busjack という語は存在しない。この場合、英語では、hijack を使うのである。

英語の hijack は「航空機、船、バスなどを乗っ取る」ことを意味する語である。したがって、バスジャックは正しくはハイジャックとすべきところであった。バス乗っ取り事件を伝える英字新聞は、hijack を使って次のように報道している。

About 15 riot policemen stormed a *hijacked* bus early Thursday in Hiroshima Prefecture and captured the 17-year old youth who had commandeered the vehicle....

（木曜日の早朝広島県でおよそ15人の機動隊員がハイジャックされたバスに殺到し、そのバスを奪った17歳の少年を逮捕した...。）　　　　　　　　　　*The Japan Times*

リンチと beat up

少年犯罪の増加とともに、リンチというカタカナ英語が使われることも多くなっているが、そのリンチの意味は、英語の lynch とは異なっている。リンチは、「相手をなぐったり蹴ったりして傷めつける」ことであるが、殺すことは意味しない。これに反し、英語の lynch は「私刑によって相手を殺す」ことを意味する。

したがって、リンチを英訳するときは、lynch は使えない。その場合、beat up（こっぴどく打ったり、なぐったりする）が適当である。

「彼らは、ホームレスの男にリンチを加えた。」

They *beat up* a homeless man.

(2) 意味変更語

ガバナビリティと be capable of governing

　カタカナ英語のガバナビリティの意味は、「統治能力」であり、「政治家のガバナビリティ」というような文脈で使われている。一方、英語の governability は少し違う意味で「統治されうること、従順さ」である。したがって、カタカナ英語のガバナビリティは、元の governability の意味に変更を加えた語である。英語でガバナビリティの意味内容を表現するには次の例文のように be capable of governing というような表現を使う必要がある。

「問題は、知事に県を統治するガバナビリティがあるかどうかである。」

The question is whether or not the governor *is capable of governing* the prefecture.

キャリアと career, elite bureaucrat

　カタカナ英語のキャリアは、次のような文脈で用いられるときは、正式英語に対応している。

「彼女は、キャリアウーマンだ。」

She is a *career* woman.

「彼は、キャリア外交官だ。」

He is a *career* diplomat.

「彼は、弁護士のキャリアが長い。」

He has a long *career* in law.

しかし、官庁職員について用いられ、キャリアとノンキャリアの区別という具合に用いられるときは、問題がある。この場合のキャリアは、上級公務員試験にパスした職員で将来の出世が約束されている人々であり、ノンキャリアはそのような条件からはずれている職員であるが、このような用法は、英語の career にはない。したがって、カタカナ英語のキャリアやノンキャリアを英語で表現するには elite（えり抜きの、精鋭の）などを使い、次のように言うべきである。

「彼女は、大蔵省のキャリアだ。」

She is an *elite bureaucrat* at the Finance Ministry.

「彼は、運輸省のノンキャリアです。」

He is a *non-elite bureaucrat* at the Ministry of Transport.

サテライトオフィスと satellite office

平成10年度『発達障害白書』によれば、サテライトオフィスの定義は、「企業が本社の事務所とは別に、通勤等の軽減を目的として設置する職住近接型の事務所。衛星（サテライト）事務所の意」（p. 43）となっている。サテライトオフィスを英語で書くと satellite office である。それをアメリカ人の講師に見せたところ、「本社を中心としてその周りに衛星のごとく存在する事務所」と解釈した。

この解釈では satellite office は、『発達障害白書』の定義に近い。しかしながら、satellite office には「職住近接

型の事務所」という意味はないのである。サテライトオフィスは、英語にない意味が付加されたカタカナ英語である。

シルバーと senior, older, elderly, gray

カタカナ英語のシルバーは、「高齢者、高齢者の」を意味し、すでに長い間日本語において使用されてきた。しかし、英語の silver にはそのような意味はない。そこで JR ではシルバーシートと呼んでいた電車の中の優先席をプライオリティシートに改めた。とはいうものの、シルバーは依然として社会のいろいろな面で頻繁に使用されているのが実状である。

平成10年度の各省編集の白書を見ても、例えば、『建設白書』のシルバー・ハウジング・プロジェクト（ケア付き高齢者向け公的賃貸住宅計画）、『国民生活白書』のシルバーサービス（高齢者向けの各種福祉活動）のように、政府機関の用語においてもシルバーが使われている。このほか、シルバービジネス（高齢者を対象とした商売）、シルバーマンション（高齢者用マンション）、シルバーパワー（自分たちの権利を主張する高齢者の勢力）などこのカタカナ英語は健在である。

英語では、「高齢者」は、old people であるが、これは直接的すぎるため婉曲的に senior citizen（上級市民）や senior、集合的には older people、the elderly などが使われている。したがってシルバーハウジングやシルバーマンションは、apartment for the elderly、シルバービジネスは business catering to senior citizens などと言えばよい。

また、「高齢者の」を表すにはgrayが使われる。老齢は、灰色なわけである。したがって、シルバーパワーは、gray powerである。しかし、grayの使用は限定されていて、シルバーのように広く使われているわけではない。

デイサービスと day care

障害を持った在宅老人を午前9時ごろから午後4時ごろまで特別老人ホームや老人福祉センターに招き、食事、入浴、訓練、レクリエーションなどのサービスを提供することを一般にデイサービスと呼んでいる。これを英語に直すとday serviceとなるが、この英語は「昼間のサービス」の意であり、夜間のサービスと区別するときに用いられる。が、カタカナ英語のような「特別老人ホームなどで行う在宅老人のための介護サービス」の意味はない。デイサービスは、英語の意味を拡大して作られたカタカナ英語である。デイサービスに当たる英語表現はday care（幼児などの昼間保育、老人・身体障害者などの昼間看護）である。

ドナーと donor

カタカナ英語のドナーは臓器移植の際の「臓器提供者」の意味で専ら使われている。しかし、英語のdonorは「臓器・組織提供者」の意味以外に一般的に「寄付者、贈与者」の意味がある。したがって、臓器提供者という意味で日本語に定着したドナーは、英語のdonorの意味の1つだけを表す語で、意味の限定が行われているカタカナ英

語である。

ノーマライゼイションと normalization of life for the disabled

　障害者の福祉に関してノーマライゼイションという用語がよく使われている。『官公庁のカタカナ語辞典』第 2 版によれば、ノーマライゼイションの意味は「障害者を閉ざされた施設などに閉じ込めないで、健常者とともに生活することを目標として社会福祉を進めること」であり、また、「老人や病人の隔離をやめ、地域社会の中でケアしようとする運動のこと」でもある。要するに、障害者、老人、病人を閉じ込めないで、普通の人々とともに生活させることである。

　これを英語の normalization と比べてみると、ノーマライゼイションは正式英語の意味にはないものを付加していることが分かる。normalization は、単に「正常化、常態にすること」を意味し、ノーマライゼイションが持つ意味はないからである。また、ノーマライゼイションは福祉用語に限定されているが、normalization にはそのような用法上の限定はない。

　したがって、ノーマライゼイションの意味を表現するためには、次の例のように normalization of life for the disabled（障害者の生活の正常化）と述べ、正常化するものは何かを説明しなければならない。

　「彼女の本のタイトルは、『障害者のノーマライゼイション』です。」

　The title of her book is *Normalization of Life for the*

Disabled.

ハートフルと caring, friendly

ハートフルという語は、ハートフルヘルパー（優しいヘルパー）とかハートフルビルディング（人に優しい建築物）などに使われ、「優しい、親切な」という意味である。この語の元となる英語の heartful は確かに「心のこもった」という意味の語であり、45万語を誇る『ウエブスター英語辞典』（*Webster's Third New International Dictionary*）には載っている。しかし、一般に使用されている『コンサイスオックスフォード英語辞典』（*Concise Oxford English Dictionary*）などには載っていない。すなわち、普通には使われていない語なのである。

日本で出版されている辞書でも、最も収録語数の多い『研究社英和大辞典』には載っているが、7万語程度を収録している英和辞書には、載っていない。実際にアメリカ人などに聞いてみたがほとんど使われていない語だということである。このように、まれな語である heartful がカタカナ英語として使われているのは、誰かが英語の実態を考慮せずに使い始めたからにほかならない。英語の実態にそぐわないカタカナ英語の代表例と言えよう。ちなみにハートフルを英語で表現するには、次の例のように caring を使うのがよい。

「ハートフルヘルパーを求めています。」

We want *caring* home helps.

またハートフルビルディングのハートフルは「障害者に

やさしい」という意味だから、次のように friendly を使うのがよい。

「建設省によれば、ハートフルビルディングとは障害者に優しいビルのことである。」

According to the Ministry of Construction, 'hatofuru birudingu' is a building which is *friendly* to the handicapped.

トータルと comprehensive

トータルも正式英語 total の意味変更が著しいカタカナ英語の1つである。例えば、平成10年度『労働白書』にはトータル・ヘルス・プロモーション・プランがあり、テレビやラジオのコマーシャルでも「私たちは、あなたのインテリアをトータルに提案いたします」などとしてよく使われている。

これらの例からも分かるとおり、トータルは、一般に「包括的な」とか「広い範囲にわたって」という意味で日本語の中で使われているのである。したがって、トータル・ヘルス・プロモーション・プランの意味は、「包括的健康増進計画」ということになるし、「トータルに提案する」という意味は、「広い範囲にわたって提案する」ということになる。

しかし、このような「包括的な」とか「広い範囲にわたって」という意味は、英語の total にはない。total は、たしかに「全部の、全体の」を意味するがすべてを包んでという意味はないのである。では英語で「包括的な」とか

「広い範囲にわたる」という意味を表すにはどうすればよいかというと、comprehensive という語を使うのがよい。例文を示そう。

「私たちは、健康増進トータルプランを作った。」

We have drafted a *comprehensive* plan for the promotion of health.

「金融再生トータルプランが発表された。」

Comprehensive measures for economic recovery have been released.

「あなたの春の装いをトータルに提案します。」

We give you *comprehensive* selection for your spring clothes.

マインドと desire

マインドというカタカナ英語は、カルト集団がらみのマインドコントロールが注目されたことで、よく使われる語となった。マインドコントロールは、英語にも mind control があるので間違いではないが、「消費マインド」などのように使われているマインドとなると英語の mind にない意味を付加させたカタカナ英語である。

すなわち、消費マインドと言えば、消費しようとする意欲を意味し、マインドは「意欲」という意味で使われているのであるが、mind にはこのような意味はない。mind は「考え、好み」などを表す語である。意欲を表現するには次の例文のように desire を使うのがよい。

「消費マインドは冷えたままである。」

Consumer *desire* for shopping remains weak.

ヘルス

英語の health は「健康」を意味するが、カタカナ英語のヘルスは、とんでもない意味の拡大がなされている語である。例えばファッションと組み合わされ、ファッションヘルスのように使われている。ファッションヘルスと言えば風俗営業のいかがわしい施設のことであり、英語の意味とは全く異なる意味で使われているのである。

ヤンキーと hoodlum

　Yankee と言えば「アメリカ人」のことであるが、カタカナ英語のヤンキーは「不良青少年」のことである。『現代用語の基礎知識』(1999) も「大阪地方で街にたむろする新風俗の若者」と定義している。この意味でのヤンキーの語源は不明であるが、その使用は、はなはだしく乱暴な日本人の言語態度を反映していると言わなければならない。アメリカ人という一国民を意味する語を不良青少年の意味に使うとは、英米などの常識では到底想像もできない現象である。

　英語の Yankee の語源については定説はないが、*The Random House Dictionary of the English Language* (1973) によれば、オランダ人の名前である Jan Kees が語源であるかも知れないという。Jan Kees とは、かつて 17世紀にニューヨークに住んでいたオランダ移民が、コネティカットにいるイギリス人移民につけたあだ名であった。

　もしこの説が正しいとすれば、さまざまな人種によって建国されたアメリカではあるが、そのあだ名としてイギリス人移民のあだ名であるヤンキーが使われるようになったということになる。なお Jan Kees は英語で言えば John Cheese である。いずれにしても Yankee に不良青少年の意味は全くない。それではヤンキーに当たる英語表現は何かと言えば、hoodlum である。この語は、「不良少年、ごろつき」などを意味する。

第6章

スポーツ・野球

(1) 造語

ガッツポーズと react

　ガッツポーズは日本人の造語である。ガッツの元はgutsで「根性、勇気」の意味がある。ポーズ（pose）は「姿勢」である。しかし、gutsとposeは英語では本来結びつかない語なのである。それ故、guts poseという表現は英語にはない。

　次の例文は、ドイツのテニス選手ステフィ・グラフを破ってガッツポーズするマルティナ・ヒンギスの写真につけられた英字新聞の説明である。react（反応を示す）が使われている。

SWISS ACE Martina Hingis *reacts* after a win over Steffi Graf in Tokyo last week.
（先週、スイスの主力選手のマルティナ・ヒンギスが東京でステフィ・グラフに勝ち、ガッツポーズをした。）
The Japan Times

ゲームメーカーと playmaker

　サッカーなどでゲームメーカーという表現がよく使われる。英語に直すとgame makerであるが、こういう表現は英語にはない。英語では、playmakerと言う。playmakerの意味は、「1人または2人の選手をシュートできるような位置に配置する選手」である。

次の引用文は playmaker の変形である playmaking という形容詞が使われている例である。

Roma has been looking into ways it can profit from the marketability of Nakata, a *playmaking* midfielder who starred for Japan at the 1998 World Cup. He was purchased from Perugia last month for a reported $16 million.
（ローマは、中田が人気があるので、どうしたらそれを利用して利益をあげられるかを考えてきた。中田はゲームメーカーのMFで、1998年のワールドカップに日本代表として出場した。彼は先月、1600万ドルでペルージャから買い取られた。） *The Japan Times*

ゴールインと arrive at the finish line, marry

カタカナ英語のゴールインには、「ゴールに到達する」という意味と「結婚する」という意味がある。しかし、英語の goal が in と結びついてカタカナ英語のような意味を表すことはない。したがって英語で表現するには、次の例文のように別の arrive や marry などの語を使う必要がある。

「彼は疲れ果ててゴールインした。（ゴールに達した）」
He *arrived* at the finish line exhausted.
「彼らはついにゴールインした。（結婚した）」
They have finally *married*.

スローフォワードと forward pass

日本のラグビーで使われているスローフォワードという言葉も、和製英語である。英語では、次の例文のように forward pass（前方へのパス）と言う。

「同志社は、スローフォワードでペナルティを受けた。」
Doshisha was penalized for a *forward pass*.

マイボールと one's ball

日本のラグビーで使われている、マイボール、ノットリリースザボールという語も和製英語である。

英語では、次の例文のように、マイボールは、チーム名を使って表現し、「マイボールを得る」には gain possession of the ball を使う。また、ノットリリースザボールは not releasing the ball というふうに言う。

「慶応のマイボールだ。」
It's *Keio's ball*.
「関東学院がマイボールを得た。」
Kantogakuin has *gained possession of the ball*.
「明治はノットリリースザボールでペナルティを受けた。」
Meiji was penalized for *not releasing the ball*.

チームカラーと be characterized by

スポーツのチームが持つ個性、特徴をチームカラーと言

うが、これも和製英語である。英語でteam colorと言えば、単に「チームの色」という意味になってしまう。したがって、チームカラーを英語で表現するには、次の例のようにbe characterized by（の特徴がある）を使うのがよい。

「H大学のラグビー部のチームカラーは、タフなことである。」

H University's rugby team *is characterized by* the toughness of the players.

チームプレー

日本のスポーツ選手が自分のことよりもチームの勝利のためにプレーすることをチームプレーと言う。この表現は、しばしば「チームプレーに徹する」という文脈で用いられ、「選手が自己犠牲的な精神によってチームという集団に奉仕する」というニュアンスがある。例えば、野球においては4番バッターでも時には犠牲バントをすることがチームプレーに徹することになる。

英語にはteam playerという表現があるが、意味は「他の人々と協力して働く人」であり、自己犠牲という意味はない。そこでチームプレーを英語で言う場合には、次のように説明する必要がある

「日本の野球では、選手はチームプレーに徹することが要求される。」

In Japanese baseball, players are required to always try to contribute to the victory of their teams.

バトンガールと majorette

マーチングバンドなどが行進する際、先頭でバトンを振る女子学生などをバトンガールと呼ぶが、これは和製英語である。英語ではこのような女性を majorette と呼んでいる。

「バトンガールの演技は見事だ。」

The *majorettes'* performance is fantastic.

バトンタッチと pass the baton

英語ではバトンタッチは、pass（渡す）を使って表現する。バトンタッチとは言わないのである。例文を見よう。

「第三走者がバトンタッチに失敗した。」

The third runner failed to *pass the baton*.

ペースアップと speed up

マラソンなどの実況中継では、ペースアップとペースダウンがよく使われている。それぞれ「速度を上げる」「速度を落とす」という意味であるが、和製英語である。英語では、speed up、slow down を用いて表現している。

「ランナーたちは5キロ地点でペースアップした。」

The runners *speeded up* five kilometers from the starting line.

「彼女たちはペースダウンするべきだ。」

They should *slow down*.

ラブコールと woo

 ラブコールは「恋の誘い、勧誘」またはその電話を表す意味のカタカナ英語として使われている。しかし、英語には love call という表現はない。その意味を英語で伝えるためには woo（言い寄る、求婚する）という動詞を使うのがよい。

「N監督がフリーエイジェントの武藤選手にラブコールを送っている。」

Manager N is *wooing* free agent Muto to join his team.

 また、「猫などがラブコールを送っている」というときは meow to attract attention（注意を引こうと鳴く）などというのがよい。

「オス猫がメス猫にラブコールを送っている。」

Male cats are *meowing to attract* females' *attention*.

アゲンストウインドと head wind

ゴルフやヨットでは「向かい風」のことを、アゲンストウインドまたは単にアゲンストと呼んでいる。英語に直すと against wind となるが、このような表現は英語にはない。英語の against は前置詞であり、形容詞としては使えない。

「向かい風」を表す正しい英語は、headwind である。

一方、「追い風」はフォローウインド（follow wind）またはフォローと呼ばれているが、これも正しい英語ではない。英語では favorable wind とか fair wind が使われている。「風は追い風だ」は The wind is *favorable*. である。

ハンドと handling

サッカーの試合でキーパー以外の選手がボールに手で触れる反則をハンドと一般に言っている。これは正しくはハンドリング（handling）と言わなければならない。handling の意味は「手で触れること」である。例文を見よう。

「磐田はハンドでペナルティを受けた。」

Iwata was penalized for *handling*.

アウトコースと outside

日本の野球ではホームベースの外側をアウトコースと呼び、「アウトコースの球」のように言う。しかしこのアウトコースを英語では、outside という語で表現する。した

がって、「彼はアウトコースの球を打った」と言うには、He hit an *outside* pitch. のように言う。

同様に、インコースについても英語では inside を使い「インコースの球」は inside pitch である。

イレギュラーバウンドと bad hop

野球のボールが、グランドの関係で変則にバウンドすることをカタカナ英語でイレギュラーバウンドと言う。しかし、英語では bad hop とか nasty hop などと言う。また、「イレギュラーバウンドする」と言うときには、take を使って表現する。

「ボールが、イレギュラーバウンドした。」
The ball *took* a *bad hop*.

オープニングピッチャーと starter

日本の野球では、先発投手をオープニングピッチャーと呼ぶことがある。しかし、これは和製英語であり、英語では、starter と言う。あるいは start を動詞として使って表現することもできる。

「先発の野茂は、ノックアウトされた。」
Starter Nomo was knocked out.
「吉井は、今日の試合の先発予定である。」
Yoshii will *start* today's game.

オープン戦と exhibition game

オープン戦は、プロ野球チームがリーグ戦開幕前に行う非公式試合を意味するが、英語ではこのようには言わない。英語では、exhibition game と言うのである。

「明日、ダイエー対中日のオープン戦を見に行く。」

I'm going to go to see an *exhibition game* between the Hawks and the Dragons.

キャンプインと begin one's training camp

ゴールインなどの項で述べたように、カタカナ英語のインは、いろいろな合成和製英語を作る。プロ野球チームなどがキャンプを始めることを意味するキャンプインもその1つである。しかし、これも和製英語で英語としては通用しない。英語では次の例文のように begin one's training camp（練習のためのキャンプを始める）などを使って表現する。

「西武は明日からキャンプインする。」

The Lions will *begin their training camp* tomorrow.

グランドボーイと bat boy

プロ野球の試合中グランドでボールを拾ったり、バットやグラブを片づける「グランドボーイ」がいるが、英語ではそれを bat boy と呼んでいる。

「グランドボーイたちは、バッターのおいたバットを拾

う。」
Bat boys pick up the bats left by batters.

ゴロと grounder

カタカナ英語のゴロは、これも和製英語。グラウンダーが詰まったものであろうか。英語では、grounder である。

「彼は、ホセの打った猛烈なゴロをファンブルした。」
He fumbled Jose's hard *grounder*.

ジャストミートと hit the ball squarely

ジャストミートはボールをバットの芯に当てて打つことだが、やはり和製英語で、英語では hit the ball squarely である。

「ボールをジャストミートしなさい。」
Hit the ball squarely.

シングルキャッチと make a one-hand catch

片手で捕球することをカタカナ英語でシングルキャッチと言っているが、英語では make a one-hand catch とか grab the ball with one hand と言う。

「松井はジャンプしてボールをシングルキャッチした。」
Matsui leaped and *made a one-hand catch*.

シングルヒットと base hit, single

シングルヒットは「単打」のことであるが、英語では base hit とか単に single と言う。野球の実況放送では、バッターが打って一塁に出ると It's a base hit. のように言うが、次の例文のように単打何本、二塁打何本などという時には single も使われる。

「彼は、シングルヒット2本、二塁打1本、三塁打1本を放った。」

He hit two *singles*, a double, and a triple.

スイングアウトと struck out swinging

「スイングアウトの三振」は日本の野球実況放送でよく使われているが、和製英語である。これは「空振り三振」のことであるが、英語では struck out swinging を使う。struck out は「三振した」であり、swinging は swing（振る）からきていて「空振り」にあたる。

スリーバントと two-strike bunt

カタカナ英語では、ツーストライクのあとのバントをスリーバントと言うが、英語では two-strike bunt と言う。

「彼はスリーバントを試みた。」

He tried a *two-strike bunt*.

セーフティバントと **drag bunt**

日本の野球では、犠牲バントではなくバッター自身もあわよくば一塁に生きようとして行うバントをセーフティバントと言っている。これは英語では、drag bunt である。ドラッグバントという言い方も最近聞かれるようになったが、これが正しい。

「彼はセーフティバントをした。」

He made a *drag bunt*.

タッチアウトと **tag out**

英語ではタッチアウトは、tag out である。touch out とは言わない。野球の試合におけるタッチはすべて tag である。例文を2つ。

「ジョンは二塁に達する前にタッチアウトされた。」

John was *tagged out* before he reached second.

「彼は、タッチを避けた。」

He eluded the *tag*.

タッチアップと **tag up**

前項で述べたとおり、英語ではタッチはすべて tag で表すので、タッチアップも tag を用い、tag up と言う。

「後藤はレフトフライでサードからタッチアップした。」

Goto *tagged up* from third on a fly to left.

第6章　スポーツ・野球

デッドボールと The pitch hit the batter.

英語で dead ball と言えばファウルなどでプレーの進行が一時的に止まる時のことである。日本のデッドボールにあたる表現はないのである。英語では、次の例文のように投球がバッターに当たったというように表現する。

The pitch hit the batter, so he walks to first. （投球がバッターに当たったので一塁に歩く。）

ノックと fielding practice

ノックは和製英語である。英英辞典では fungo という語が使われ、「ノックする」は、hit fungoes と言い、ノックバットは、fungo bat である。しかし、この fungo を使う言い方は一般的ではなく、普通は fielding practice（守備練習）が使われている。

「コーチが外野手向けのノックを開始した。」

The coach began *fielding practice* for the outfielders.

パスボールと passed ball

パスボールは、英語に近いが、英語では passed ball と言う。カタカナ英語では、iced coffee をアイスコーヒーと言うように過去分詞の ed を落とす傾向があるが、パスボールもその一例である。

「彼はパスボールで一塁に生きた。」

He reached first safely on a *passed ball*.

バックスクリーンと center field screen

　野球場のセンターの後方にはバックスクリーンがある。これを英語では、center field screen と呼んでいる。
　「松井の打球はバックスクリーンに当たった。」
　Matsui's batted ball hit the *center field screen*.

バックネットと backstop

　球場でキャッチャーの後方にあるバックネットは、和製英語であり、英語では backstop と言う。
　「私たちは、ネット裏で観戦した。」
　We saw the game behind the *backstop*.

バックホームと throw

　バックホームは、外野手がホームベースめがけて投球するときに使われるが、和製英語である。英語では、ただ単に、throw を使って次のように言う。
　「巨人のライト高橋のバックホームで緒方がホームで刺された。」
　Giants' rightfielder Takahashi's *throw* nailed Ogata at home.

第6章　スポーツ・野球

ファインプレイと great fielding play

ファインプレイも英語らしく聞こえるが和製英語である。英語でファインプレイを表現するには、great fielding play とか spectacular play などがよい。

「彼のファインプレイが、チームに勝利をもたらした。」

His *great fielding play* led to the team's victory.

ファウルグランドと foul territory

ファウルグランドは、英語では foul territory と言い、foul ground とは言わない。foul ground の foul は「むかつくような、くさい」の意だから、「くさいグランド」という意味になってしまう。foul territory を使った例文を1つ。

「ボールがファウルグランドに転々としている間に彼はホームインした。」
He reached home while the ball was still rolling in the *foul territory*.

フォアボールと walk

英語では four ball とは言わない。その代わりに walk が使われ、「フォアボールで一塁に歩く」は walk to first と言う。また、「フォアボールを選ぶ」は draw a walk、敬遠のフォアボールは be walked intentionally である。walk は、他動詞にも使われ、「フォアボールで歩かせる」は、walk someone である。

「彼は、フォアボールで一塁に歩いた。」
He *walked* to first.
「彼は、敬遠のフォアボールで歩かされた。」
He was *walked* intentionally.
「彼は、押し出しのフォアボールを選んだ。」
He drew a bases-loaded *walk*.

ヘッドスライディングと headfirst slide

日本の野球では頭から突っ込むスライディングをヘッドスライディングと呼んでいる。しかしこれは英語では、headfirst slide とか headlong slide と言う。

「本木はヘッドスライディングでホームに滑り込んだ。」

Motoki reached home in a *headfirst slide*.

ホームインと reach home

ホームインもインを使った合成カタカナ英語の1つであるが、英語では home in とは言わない。正しい英語表現は、次の例のように reach home（ホームに達する）などを使って表現する。

「古田がホームインした。」

Furuta has *reached home*.

ランニングホーマーと inside-the-park home run

日本の野球では自分の打ったボールが外野に転々とするすきに一気にホームインすることをランニングホーマーと呼んでいる。しかし、これは和製英語で英語としては通用しない。英語では、次の例のごとく inside-the-park home run と言う。

「町田がランニングホーマーを打った。」

Machida slammed an *inside-the-park home run*.

ワンポイント・リリーフと relief temporarily

　ワンポイントは日本語の中でワンポイント・リリーフやワンポイント・アドバイスなどに使われ、意味は「短い、ちょっとした」である。したがって、ワンポイント・リリーフと言えば、「打者1人か2人だけを討ち取るための、短いリリーフ」であり、ワンポイント・アドバイスと言えば、「ちょっとしたアドバイス」である。

　しかし、英語の one point にはそのような意味はなくただ単に「一点」を表すにすぎない。したがって、ワンポイント・リリーフやワンポイント・アドバイスを英語にそのまま直しても、英米人などには通じない。これらの表現を英語で表すには次のように言う必要がある。

「高橋に対し、河野がワンポイント・リリーフした。」
Kono *relieved temporarily* just to beat Takahashi.
「健康のためのワンポイント・アドバイスをお送りします。」
We will give you a health *tip*.

　野球はそもそもアメリカで生まれ、日本に紹介されたスポーツであるからその用語には英語からきたものが多い。しかし、どういうわけかアメリカの野球用語がそのまま日本語には入らず、その代わりに日本で造語された和製英語が非常に多く使用されているのが実状である。現在では、アメリカのメージャー・リーグの試合も日本に中継放送されているので、このことに気づいた人も多いものと思われる。日本の野球でも本物の英語を使ってもらいたいものである。

(2) 意味変更語

IN・OUT と ON・OFF

カタカナのインとアウトまたは英語のINとOUTの文字が、日本のサッカーなどの試合において選手交代のときに用いられる。INが出場選手を、OUTが退場選手を示している。

この種のINやOUTは確かに便利ではあるが、まったくの日本式用法である。選手交代のときは、イギリスのサッカーの中継ではテレビの画面に次のような表示が出る。

> 12　Steve Brown ON
> 9　Andy Hunt OFF

（IN　12　スティーブ・ブラウン
　OUT　9　アンディ・ハント）

このように英語ではON（出場）、OFF（退場）が使われてている。

K と K

日本語の新聞などで日本文にまじって英語の大文字Kがよく使われている。

例えば、Kは日本の新聞報道では「三振」の意味で使われている。「佐々岡、巨人から10K」のように。これは実

はアメリカ英語でも使われている正しい使い方である。

しかし、Kは英語においては「1000」の意味でよく使われている語である。次の例文のKがその一例である。

Cadillac '87 ALLANTE---gold, 79K, 2 tops, exclt con, $14,000. 206-217-0115

(キャデラック87年型アランティ　金色、走行距離79,000マイル、2種類の屋根、良好状態、価格14,000ドル　電話 206-217-0115)　　　　　　　　　　*Seattle Times*

キロメートルやキログラムの意味のKは入ってきたが、1000の意味のKは、日本語に入ってこなかったようである。このことは、英語の語句にいくつかの意味がある場合に、そのうちの一部分しか日本語に入ってこない場合があることを示している。

もっとも1999年の秋に「1000」の意味のKが急に英語から日本語に入ってきてマスコミで使われた。それは「2000年」を表すY2Kであった。Yが「年」Kが「1000」を表している。ただしこれは一過性であったようで、この意味のKが日本語に定着するかどうかは未知数である。

メジャーと Major League

メジャーというカタカナ英語は、アメリカの「メジャーリーグ」という意味と「国際石油資本」という意味で使われている。例えば、「メジャーで活躍する鈴木」と言えば、メジャーリーグのことだし、「石油値下げにメジャーが動いた」と言えば「国際石油資本」のことである。

英語ではメジャーリーグは Major League と言い、国際

石油資本は major oil companies と言っている。メジャーは、省略により作られた語である。

グランドと field, pitch

「運動場、競技場、野球場」などの意味を表すカタカナ英語のグランドも、英語の ground の意味を大きく変更した言葉である。つまり ground は基本的には「地面」だけを表す語であり、特定の場所を表現するときは、playground（運動場）、fishing ground（漁場）のようにほかの語とともに用いられるからである。したがって、グランドを英語で表現するには、別の語を用いる必要があり、その場合、次の例文のように field が適当である。

「グランドでは、選手たちが守備練習をしている。」
In the *field*, the players are practicing fielding.
「グランドのコンディションは、最高である。」
The condition of the *field* is the best.

ただし、イギリス英語ではサッカー場やラグビー場を表すとき pitch が使われている。サッカー場は football pitch、ラグビー場は rugby pitch である。

トレーナーと sweat shirt

カタカナ英語のトレーナーは運動選手が冷えを防ぐために着る「厚手のシャツ」であるが、英語の trainer の意味とは全く異なる。trainer は、選手を訓練する「コーチ」のことであり、イギリス英語では「スニーカー」の靴をも

さす。英語の意味を曲解したカタカナ英語と言えよう。では運動選手が着るトレーナーを英語で何と言うだろうか。次の例のように sweat shirt と言う。

「彼のトレーナーは真新しい。」
His *sweat shirt* is brand-new.

フライングと false start, jump the gun

陸上や水上の競技で、選手が出発合図以前にスタートすると違反であり、その行為はフライングと呼ばれる。このフライングは明らかに英語の flying からきたカタカナ英語であるが、flying にはその意味はない。flying は fly（飛ぶ）の動名詞、分詞形である。

英語では、フライングは、false start、jump the gun を用いて次のように言う。

「あれはフライングだ。」
That's a *false start*.
「ジョンソンがフライングした。」
Johnson *jumped the gun*.

フロントと front office, front desk

カタカナ英語のフロントは、プロ野球の「球団事務所」という意味でよくマスコミに登場するが、英語の front にはそのような意味はない。もともと英語では球団事務所をフロントオフィス（front office）と呼んでいるのであるが、そのオフィスを省略したためにできた語である。

フロントにはもう1つの意味もあり、それは「ホテルの受付」である。この場合も英語のfrontにはそのような意味はない。アメリカ英語ではそのような受付をフロントデスク（front desk）と言っているが、そのデスクを省略したためにフロントができた。ちなみにイギリス英語では、ホテルの受付はreceptionと言っている。このように、フロントはいずれの場合も2語の英語を1語に省略した形のカタカナ英語である。

マネージャーと staffer, secretary

　日本の野球チームにはチームの世話をする係がいてマネージャーと呼ばれているが、アメリカの野球ではmanagerと言えばプロ野球チームの「監督」のことである。したがって、*Manager* Hoshino protested to the umpire. と言えば、「星野監督がアンパイヤーに抗議した」ということになる。

　では日本のマネージャーに当たる係をアメリカでは何と言うかというと、プロ野球チームで言えば、球団事務所（front office）の職員（staffer）である。stafferが、チームの移動、ホテルの手配などをするわけである。

　一方、イギリスのプロ・サッカークラブには、managerがいるが、このmanagerも「監督」である。このようなクラブで、日本のマネージャーに当たる仕事をする係は、クラブ事務所の職員（secretary）である。

ミスターと icon, the Greenspan

　読売ジャイアンツの長嶋監督は「ミスター・巨人」とか「ミスター・プロ野球」と呼ばれ、最近では「ミスター」と呼ばれている。また、国際金融の舞台で活躍した榊原元大蔵省財務官は「ミスター円」と呼ばれた。このようにカタカナ英語のミスターは、団体名などにつけてその団体などを代表して活躍している有名人を表すのに使われている。この用法は全く和製英語的であって、英語のMr.にはこのような用法はない。Mr. はあくまで Mr. Gore（ゴア氏）のように人名につけて「氏」「さん」などを意味する語である。

　それでは「ミスター」を使った表現は英語でどのようにいえば、その意味が伝わるだろうか。一案としては、「ミスター・プロ野球」は icon of professional baseball（プロ野球の偶像）、「ミスター円」は the Greenspan of Japan（日本のグリーンスパン）がよかろう。アラン・グリーンスパン氏は、アメリカの連邦準備制度理事会の議長でその発言はアメリカの金融界に決定的影響力を持つ人物である。これらを使った例文を示すと、次のようになる。

Shigeo Nagashima is an icon of Japanese professional baseball.（長嶋茂雄氏は、日本のプロ野球の偶像だ。）
Eisuke Sakakibara is *the Greenspan* of Japan.（榊原英資氏は、日本のグリーンスパンだ。）

リタイヤと drop out

カタカナ英語のリタイヤは、マラソンなどにおいて何らかの理由で選手が途中で「レースからは抜けてしまう」ことを意味するときに使われることがある。しかし、英語のretire は、「退職する、退く、床につく」などの意味で用いられ、レースなどから「退く」という意味はない。しかも retire の持つ「退く」は「立ち去る」という意味であり、He *retired* to his bedroom.（彼は自分の寝室に退いた）のように使う。英語で、リタイヤの意味を表現するには drop out を使い、次のように言う。

「20キロ地点で、2人のランナーがリタイヤした。」

Two runners *dropped out* of the race 20 kilometers from the start.

第 7 章

英語を短縮した
和製カタカナ英語

すでにいくつかの例を見てきたが、カタカナ英語の特徴の１つは、元の英語を短縮、省略、組み合わせするということである。このような変形によりカタカナ英語は、英語と決定的にかけ離れた言葉となり、和製英語化する。これまでの叙述のまとめとして短縮カタカナ英語の例を以下において見てみよう。

イラストと illustration

　イラストは英語のイラストレーション（illustration）を短縮して作られた和製英語である。イラストレーションの後半を省略したわけである。ゴルフの「試合」を意味するコンペや「道路、鉄道など社会の基礎的施設」を表すインフラも同種の短縮語である。これらは正式には、それぞれコンペティション（competition）、インフラストラクチャー（infrastructure）である。このように元の英語の単語の一部を切り取って作った短縮語の例を以下に示そう。

短縮カタカナ英語	元の形	元の英語
インフレ	インフレーション	inflation
エアコン	エアコンディショナー	air conditioner
オペ	オペレーション	operation
スト	ストライキ	strike
スナップ	スナップショット	snapshot
ダイヤ	ダイヤモンド	diamond
デモ	デモンストレーション	demonstration
テロ	テロリズム	terrorism
リストラ	リストラクチャリング	restructuring

エンゲージリングと engagement ring

　「婚約指輪」を意味するエンゲージリングは、元々はエンゲージメントリング（engagement ring）である。エンゲージメントの一部を切り取ってリングとつなげたわけである。このように、2語以上の英語の一部を組み合わせて作られた和製英語も多い。「性的いやがらせ」を意味するセクハラは、セクシュアルハラスメントのセクとハラを組み合わせたものであり、アメフトはアメリカンフットボールのアメとフトを組み合わせてできた和製英語である。このように2語以上の英語の一部を組み合わせた短縮カタカナ英語の例を以下に示す。

インターハイ	インターハイスクール	inter-high school
オフレコ	オフザレコード	off the record
ゼネコン	ジェネラルコントラクター	general contractor
セクハラ	セクシュアルハラスメント	sexual harassment
セ・リーグ	セントラルリーグ	Central League
スタメン	スターティングメンバー	starting member
パソコン	パーソナルコンピューター	personal computer
パ・リーグ	パシフィックリーグ	Pacific League
マスコミ	マスコミューニケーション	mass communication
ラジカセ	レディオキャセット・プレイヤー	radio cassette player

　これらの短縮カタカナ英語は、日本語においては極めて一般的であるが、外国では見られない現象である。ヨーロッパの非英語国などでは、英語を取り入れる場合はそのまま取り入れるのが原則であり、短縮のような変更を加えることはない。また、中国では、英語をことごとく自国語に

第7章　英語を短縮した和製カタカナ英語　123

置き換えて使っているので短縮ということは起こらない。

　短縮により日本語化してしまった英語は、英語学習者には本物の英語と誤解されてしまう可能性があり、危険である。また、本物とは思わないとしてもアメリカ人などと英語を話す場合、ついうっかり口から出てくる困った存在である。例えば、筆者はイギリス人の友人と話しているとき、Hiroshi Kume is a caster.（久米宏は、キャスターです）などと言ってしまった経験がある。もちろん、意味は通じないことに気づき、Hiroshi Kume is a newscaster. と言い直したのであるが、「キャスター」という語を毎日耳にしたり、目にしているのでついうっかり caster と言ってしまったのである。caster は newscaster の意味にはならない。

　日本語は、すでに多くの英語を取り入れて変更を加えてきたのだが、これから新しく借用する場合は、インフォームドコンセント、アカウンタビリティなどのように、そのままの形で使用すべきである。短縮により元の英語との関連が薄くなったカタカナ英語を使うことは、言語道断のことと考えるべきである。国際語としての英語を無視することになるからである。

第 8 章

婉曲表現に使われる
カタカナ英語

日本語に多数存在するカタカナ英語が、日本語の中で果たす機能のなかで看過できないのはそれが婉曲表現として多用されることである。これは、後述する『ニューヨークタイムズ』の記者も指摘しているから外国人も気づいている事実のようである。

　婉曲表現とは、他人が聞いて気分を悪くしないように、あまりに強烈な表現を遠回しで、あいまいな表現に変えて表すことである。その性格上、婉曲表現は時として言いずらい事実を隠して表現することにも使われる。言わば、隠れみのの働きもするのである。

　そこで、このような婉曲表現としてカタカナ英語がどのように使われているのか、まず調査の結果から見てゆくことにしよう。

婉曲表現調査

　本来の日本語の表現とカタカナ英語のそれとを比べた場合、カタカナ英語の表現はおだやかな感じを与えるのだろうか。このことを確かめるために1999年に東京都内の大学生188人に対してアンケート調査を実施した。調査対象語はリストラ、キラー、スロー、ペナルティ、ローンの5語でこれらと対応する日本語を比較してもらった。以下はその結果である。

質問と回答
(1) リストラ

　「リストラ」は、リストラクチャリング（restructuring）を短縮した語である。もともと企業などの「再構築、構造改革」などの意味であるが、日本語では最近「解雇、首切り」という意味でよく使われている。日本語に解雇、首切りという語があるのになぜリストラが使われているのだろうか。リストラは首切りというより穏やかな表現だからであろうか。

質問 「首切り」と言うより「リストラ」と言ったほうが穏やかな感じがしますか。

回答 はい　　　　　　　　　50.0%
　　　いいえ　　　　　　　　16.4%
　　　どちらとも言えない　　33.5%

調査の結果、5割の学生がリストラのほうが響きが穏やかだと感じていることが分かった。なお、英語では、「解雇、首切り」という名詞にはlayoffがよく使われ、「解雇する、首を切る」という動詞にはlay off、fire、sackなどが使われている。リストラの原型語であるrestructuringはその意味では使われていない。

(2)キラー

「殺人犯」と言えば強烈な印象を与えるが、キラー（killer）と言うと薄められた感じの表現となるのだろうか。

質問 「彼は殺人犯」と言うより「キラー」と言ったほうがおだやかな感じがしますか。

回答 はい　　　　　　　　　15.4（%）
　　　いいえ　　　　　　　　42.5
　　　どちらとも言えない　　42.0

キラーは与える印象においてかなり強烈であり、「殺人

犯」と変わりないことが分かった。キラーという語があまりカタカナ英語としてはなじみがないからかもしれない。

(3) スロー

仕事などがのろいことをスロー (slow) と言うことがある。このスローは、「のろい」と比べてどんな違った印象を与えるだろうか。

質問 「君は仕事がのろい」と言うより「スローだ」と言うほうが穏やかな感じがしますか。

回答 はい　　　　　　　　52.6%
　　　いいえ　　　　　　　17.5%
　　　どちらとも言えない　29.7%

スローはやはり「のろい」より穏やかな印象を与えることが分かる。

(4) ペナルティ

ペナルティ (penalty) の意味は「罰」であるが、「罰」というより当たりはやわらかいだろうか。

質問 「罰を加える」と言うより「ペナルティを加える」と言うほうが少し罰が軽いような感じがしますか。

回答 はい　　　　　　　　60.6%
　　　いいえ　　　　　　　17.5%
　　　どちらとも言えない　21.8%

ここでもカタカナ英語のペナルティのほうが、響きがやわらかいという印象を受ける大学生が圧倒的である。なお、penalty は「罰」を意味するが、同じ意味の punishment よりも軽い罰を表す。

(5) ローン

　住宅ローンなどとして頻用されているローン（loan）はどうだろうか。意味は「貸付金」「借金」である。これも日本語で「借金」と言うより負担が少ない印象を与えるのであろうか。

質問　「銀行に2,000万円の借金がある」と言うより「ローンがある」と言ったほうが負担が軽いような感じがしますか。

回答　はい　　　　　　　　　56.3%
　　　　いいえ　　　　　　　　19.6%
　　　　どちらとも言えない　　23.9%

　ローンについては約6割の学生が、借金より負担が軽いように感じている。

　以上の5語についての学生の反応を総合すると（2）のキラーを除いて他の4語すべてが対応する日本語より穏やかな印象を与えていることが分かる。リストラ、スロー、ペナルティ、ローンのいずれについても5割以上の学生が「のろい」「罰」「首切り」「借金」よりやわらかい印象を受けると答えているのである。

　特に、ペナルティと言えば、罰が軽いと感じたり、ローンと言えば、負担が軽いと思う学生が6割ないしそれに近い割合でいることは注目に値する。このような調査結果により、カタカナ英語は多くの場合、婉曲表現として用いられていることが明らかである。

そこで次にカタカナ英語が性表現や批判・反論表現をやわらげるために使われていたり、役職名のイメージを高めたり、いかがわしい会社名を隠すための婉曲表現として用いられている例をみよう。

レイプ

カタカナ英語は性に関するタブー表現やそれに近い表現の日本語の代用としてよく用いられている。例えば、英語文字のH、セックス、オルガズム、ヘアーヌードなどは今や日本語の中に定着し、対応する日本語表現の影を薄くしているほどである。その理由は、日本語表現はあまりに直接的であるために避けられ、その代わりにカタカナ英語表現が使われているのである。このカタカナ英語表現も、婉曲表現にほかならない。

性関係語の婉曲語法として用いられるカタカナ英語の中でひときわ目立つのがレイプ（rape）である。この語は、響きの野蛮な日本語表現に代わって、何となくあいまいな表現としてよく使われているのである。

1998年12月のある夜、NHKのラジオ深夜便に出演したある作家は、レイプというカタカナ英語の使用にまつわるエピソードを次のように紹介していた。

「NHKの講演会で'強姦'という言葉を使わなくてはならなくなったことがありました。そこで、担当ディレクターとの事前の打ち合わせのとき、どうしたらよいかと相談したところ、その代わりに'レイプ'を使うのがよいというアドバイスを受けました。結局、そのとおりにしました。」

このエピソードで明らかなことは、レイプというカタカナ英語の単語が日本語の強姦という表現を婉曲的に表す語として使われるという事実である。強姦もレイプも同じ意味であるから、本来はレイプと言い換えても意味は変わらないはずである。

　しかし、両語が与える印象にはかなりの差があるようである。日本語で強姦と言えば、極めて野蛮で残酷な印象を与えるが、カタカナ英語のレイプはそれを薄めた印象を与えるのである。だからこそNHKのディレクターもレイプを使うことをすすめたのであろう。

　そこで、レイプやセックス（sex）という言葉に関する大学生の反応を見よう。この調査は1996年東京都内の大学生225人に対して行ったアンケート調査である。

質問と回答

質問　「レイプ」や「セックス」という言葉は、よく使われていますが、それらには日本語で言うよりやわらかい響きがありますか。

回答　はい　　　　　　　　　44.4%
　　　　いいえ　　　　　　　　25.3%
　　　　どちらとも言えない　　30.2%

　「レイプ」や「セックス」のほうが、響きがやわらかいと答えた学生が4割以上を占めた。

アグレッシブ

　他人を批判したり、非難するときにカタカナ英語が使われることがときどきある。その場合、相手に対して当たり

をやわらかくする意図が感じられるのである。例を見よう。

テニスの試合の実況中継で、ある選手のけんか腰の乱暴なテニスに批判的な解説者が「彼女のテニスはアグレッシブだ」と言った。アグレッシブは英語で aggressive であり、意味は「攻撃的、けんか好きな」であるから、解説者の発言は「彼女のテニスは、けんか腰のテニスだ」という意味になる。しかし、日本語だと批判が前面に出て強すぎるので解説者は、批判の気持ちを込めながらもアグレッシブとカタカナ英語で言うことによって表現をやわらげたに違いない。日本語で「けんかっぱやい」というと批判が明確になるが、アグレッシブと言うとなんとなくあいまいになるのである。

エキセントリック

「そんなエキセントリックな質問には答えられません。」あるテレビ番組で聞いた発言であるが、相手の質問に対してゲストは、エキセントリックだからといって返答を避けた。エキセントリックは、英語では eccentric で「変わった、変な」という意味である。したがって、エキセントリックな質問には答えられない、ということは「そんな変な質問には答えられない」と言うのと同じである。

しかしながら、「そんな変な質問には答えられない」と言うと、相手に対する敵対姿勢が明確になり、怒りの反応を招きやすい。ところが、エキセントリックならなんとなく意味もあいまいで、矛先が鋭くないから、相手の怒りや反発を受けないですむ。このゲストには、こんな計算が無意識のうちにあったと思われるのである。

ダーティー

　ある野党の国会議員が、与党の有力国会議員を名指しで「日本一ダーティーな政治家」と決めつけ、それを公の席で発言したため、その与党議員によって告訴された。

　この場合、興味深いのは、野党議員がカタカナ英語の「ダーティー」を使って有力与党議員を一刀両断にしたことである。ダーティーは「汚い」という意味の dirty からきているのだから、野党議員は「日本一汚い政治家」と言うこともできただろうが、そうは言わなかった。

　なぜ「汚い政治家」と言わなかったのだろうか。それは汚い政治家では相手を極めて悪質な政治家と断定することになり、強烈な反発を招くことになるからではなかっただろうか。「汚い」は「ダーティー」よりも直接的で当たりが強い。

　事実「ダーティーな政治家」と言えばそれほど悪質でもないようにも響く。悪質ではあっても、何かしら上品さすら感じられるのである。つまり「ダーティー」は「汚い」の婉曲表現にほかならない。

コミット

　カタカナ英語のコミットは、英語の commit にはない、「関係する、係わる」という意味で使われている。したがって、例えば「その問題には私はコミットしません」と言うと、その意味は、「その問題に係わらない」ということを意味し、婉曲な拒否の表明となる。

　このような発言は時々聞くが、なぜ発言者は、カタカナ

英語で拒否を表わすのであろうか。それはやはり穏やかに拒否の意思表明をしたいからであろう。日本語で言ったとすれば、強い拒否となり、相手の反発が予想されるからである。なお、コミットは英語では commit oneself to と言う。

コンベンショナル

英語の conventional には、「平凡な、陳腐な」という意味がある。カタカナ英語のコンベンショナルが、その意味で使われたのを聞いたことがあった。ある討論会で「あなたの理論は、コンベンショナルだ」と他人の発言をコメントした人がいたのである。この場合、日本語で「あなたの理論は、陳腐だ」と言うと、それを聞いた発言者は怒りの反応を示すことであろう。このコンベンショナルは、一種の緩衝剤としての婉曲表現であったと言えよう。

チャレンジ

英語の challenge からきたチャレンジも、日本語の中で「挑戦」の意味でよく使われている。理由は、挑戦よりも当たりがやわらかいからであろう。例えば、「先輩に挑戦したい」と言うと強くぶつかる感じがするが、「先輩にチャレンジしたい」と言えばソフトな当たりが連想される。つまりチャレンジのほうが上品と感じられるのである。

トリビアル

ある教授が、レポートを学生に返すとき、「この論文はトリビアルだ」と言った。トリビアルは trivial（取るに足らない）であるから、日本語で言えば、お前の論文は取

るに足らないほどつまらないものだ、ということになる。かなり衝撃的な評価である。もしそう言われたら学生の受けたショックは大きかったことであろう。

しかしながら、教授がカタカナ英語のトリビアルを使ったため、評価の度合いはあいまいとなり、日本語での評価の厳しさは消えたのである。この教授もそれをねらって英語を使ったのかもしれない。

リベンジ

プロ野球の人気選手松坂大輔が「今日の試合は、リベンジのための試合だ」などと言い始めたことから、リベンジという語が日本語の中でよく使われるようになった。リベンジの元は、英語の revenge（復讐、報復）であるから、「リベンジのための試合」と言えば、「復讐戦」という意味になる。しかしなぜ復讐と言わないでリベンジと言うのであろうか。

それは、復讐という日本語は、激しい憎悪、敵愾心を感じさせる語であるから、「復讐戦」と言えば相手のチームをひどく憎んでいるという印象を与え、フェアプレイを目指すスポーツ選手が使う言葉としては不適当である。これに反して、カタカナ英語のリベンジには復讐につきまとう強い感情がなくなり、上品な感じを与えるのである。言わばリベンジは復讐の婉曲表現である。

これらの例に見られるように、カタカナ英語は婉曲的であり、相手を批判したり、拒否したりするときの緩衝剤の働きをしているのである。

アシスタント

カタカナ英語は、社会的地位や職名を表すときの婉曲表現しても使われている。例えば、日本のテレビやラジオの番組で用いられているアシスタント（assistant）がその一例である。いろいろな番組で司会者が男女の2人の場合が多いが、普通、男性が「司会の誰々です」と言うのに対し、女性は、「アシスタントの誰々です」と言う。この場合、男性は司会という語を使うのに対し、なぜ女性は「助手の誰々です」と言わないのだろうか。

その答えは、「助手」は響きが悪く、アシスタントのほうが断然聞こえがよいからである。それに、アシスタントの女性が「助手の誰々です」と言うと、司会者に対しての従属的な地位がそのまま表現されてしまう。それを避けるためにカタカナ英語のアシスタントを使うのであろう。

ストラテジスト

証券会社などでは、最近ストラテジストという職名の係をおいている。この語の元は、英語の strategist であり、本来の意味は戦争において兵力、艦船、航空機などを有利に展開させるための計画を組み立てる「戦術家」である。これが転じて、ビジネスや政治において戦術を立てる専門家の意味にも使われている。

証券会社などで用いられるストラテジストも、当然ながら、金融市場におけるビジネス戦術を練る専門家のことである。金融戦術家と呼んでもいい役職である。しかし、金融戦術家と言うと、いかめしい上に少し攻撃的に聞こえる

ので、上品で公正な専門家のイメージがあるストラテジストというカタカナ英語が使われているのであろう。

パーソナリティ

パーソナリティは、「今夜の番組のパーソナリティは、高橋です」というような文脈で使われ、「番組の司会者、ディスクジョッキー」の意味に使われている。しかし、英語の personality は、前述したように「有名なタレントやスター」のことであるから、意味が異なる。

ではなぜパーソナリティが、使われているかと言えば、響きがよいので「司会者」や「DJ」と言うより格が上のように聞こえるからに違いない。司会者や DJ という語も悪くはないが、そのイメージをさらに高めるためには、パーソナリティと呼ぶほうがよいわけである。

ファイナンスサービス

日本にはカタカナ英語の社名を持つ会社が多い。それは60年代以降あたりから多くの会社がカタカナ英語の社名に変えたからであり、新しい会社もカタカナ語の社名をつけることが一般的になったからである。

ここで問題になるのは、カタカナ英語の社名が、いかがわしい会社の実態をカモフラージュするのに使われる傾向が見られるということである。すなわち、それが婉曲表現として悪用されている場合すらあるのである。例えば、近年においてマスコミを賑わしたいわゆるノンバンクやダミー会社がほとんどすべてカタカナ英語の社名を持っていたということにその例を見ることができる。

このうちノンバンクとは、金融機関以外で融資を主業務とする業態の総称で、信販消費者金融、リース、住宅ローン会社、不動産担保金融会社などのことである。これらのノンバンクにおいては膨大な不動産担保貸付けがこげつき、それが不良債権となって親会社の銀行経営を危機に追い込んだ。その結果、金融不安が全国に広がり、日本経済をピンチに陥れたのであった。

このようなノンバンクが、そろってカタカナ英語の社名を持っていた。しかも例えば、「日本信用ファイナンスサービス」「日本リース」などのように、その社名はほとんどが、複数の語からなり、ファイナンス、リース、ハウジングローンなどのカタカナ英語がその一部となっている。

他方、不良債権を猛烈に膨らまし、それを隠すために銀行がダミー会社を多く作ったことも知られているが、それらにも決まってカタカナ名がつけられた。そして、そのほとんどがカタカナ英語である。

例えば、事実上倒産して国有となった日本長期信用銀行には78ものダミー会社があったが、それらの会社名は、「シー・キューコーポレーション（CQ Corporation）」「エーケー（AK）開発」「エヌアールコーポレーション（NR Corporation）」「プロビデンス（Providence）」「キングロード（Kingroad）」「セーレム（Salem）」など、いずれもカタカナ英語である。（読売新聞1999.6.18）

言葉には魔力があると社会言語学者は言うが、これらのカタカナ英語の社名は一種の婉曲表現としての魔力を発揮したのではないかと思われる。それは、企業活動の実体とはかけ離れた安心感や信頼感を人々に与える魔力であった。

ノンバンクの多くが倒産し、それらの行った融資が無原則で行き当たりばったりのものであったことや、ダミー会社が膨大な不良債権隠しに使われた事実が明らかになればなるほど、カタカナ英語のしゃれた社名は偽りの魔力を持っているものであったことが分かるのである。

現在の日本では、金融ビッグバンが実行され、証券会社や銀行が多数の金融商品を用意して顧客に投資を勧誘している。それらの商品の特徴は、オープン、ファンドなどをその一部とする長いカタカナ英語の名称で呼ばれていることである。

これらの商品は、当然ではあるが資産運用や利益追求の希望に将来にわたって応えるものであることが期待されている。しかしもしそれに失敗すれば、これらの商品の持つ響きのよいカタカナ英語の名称も、破産したノンバンクの例のように単なる飾りや偽りの婉曲表現でしかなかったことになってしまうであろう。そうならないことを願うばかりである。

無感情

ここで指摘しておきたいのは、カタカナ英語が性表現や批判・反論などに関する婉曲表現として使われる理由は、その無感情性にあるということである。

人間は、母国語で話すときは一つ一つの語や表現にまつわる感情をわきまえながら話す。しかし、外国語を話すときは、その感情が失なわれるのである。最もよい例は、怒りや悔しさなどの表現である。例えば、日本語で「こんちくしょう！」と言えばそこに感情がこもり、この表現がま

わりに与える影響も分かる。しかし、英語でShit!と言っても日本で生まれ、日本語で育った我々にはそれほどの感情はこもらないし、まわりへの影響もさだかではない。ただ単に、英語授業などでこの表現は、悔しいときに使う表現で下品な表現だと教わったから頭の中でそのように理解しているだけである。いずれにせよ、人間はどんなに外国語に堪能になっても、泣くときは母国語で泣くのである。

このことはカタカナ英語にも通じる。先に例示したエキセントリックやアグレッシブなどを使って他人を批判したりしても、リベンジといって復讐の気持ちを表しても、そこには感情がこもらないのである。一方、日本語で「変な」「喧嘩好きの」「復讐」と言ってみると感情がはっきりしてくるのである。

以上のようにカタカナ英語は言わば中立的で抽象的言語であり明確な感情が見えない表現形式であると言えよう。

しかしいかがわしい会社の社名や社会的地位・職名などにカタカナ英語が使われるのは、また別のことである。このような場合は、カタカナ英語は外国風で高級なイメージを作るために用いられるのである。

第9章

カタカナ英語の
アクセントと母音

日本語と英語は、発音の面でも基本的に異なる。日本語は子音と母音の組み合わせが中心であるが、英語では子音が重なることが多い。また、アクセントも日本語は高さアクセント、英語は強さアクセントである。したがって、英語の発音が日本語に入ってカタカナ英語となると日本語化し、元の英語の発音と異なるのは当然である。

　しかし、困ったことにカタカナ英語の発音を英語の発音と勘違いしている日本人も多い。それに、カタカナ英語の発音にあまりにもなれてしまったために、その発音を英語を話すときにも使う傾向が見られる。その意味で、カタカナ英語の発音は、英語学習者にとっては極めて有害であると言えよう。

　もちろん逆に英語の発音をそのままカタカナ英語に完全適用することは不可能である。とは言え、英語学習者の立場からすれば、カタカナ英語の発音が英語に近ければ近いほど害が少なくなることは明らかである。

　ここでは、カタカナ英語の発音がアクセント、母音の面でどのように正式英語と異なるかを見てゆきたい。両者の違いが分かれば、カタカナ英語の発音を英語の発音に近づけることも可能だからである。

　以下においてアクセントは、**インターネット**、**ガイドライン**のように太字で示すことにする。また特徴的発音については下線を引いて示した。

インターネットと internet

　英語のアクセントがカタカナ英語のアクセントと大きく

異なる第一の点は、英語では最初の音節にアクセントをおくのに対して、カタカナ英語では2番目以下の音節にアクセントをおき、そのあとで音が下がることである。そのよい例が、カタカナ英語のインターネットのアクセントである。元の英語の Internet は**イ**ンターネットのように**イ**にアクセントをおくのに対して、インターネットは、**ンターネ**にアクセントがおかれる。これは日本語のアクセントの特徴でもあるのだが、声の高さがンで上がってネまで続き、ットで音が下がる。ここに著しい相違がある。

インターネットと同様なアクセントを持つカタカナ英語には次のようなものがある。

  エイ**ズウイ**ルス
  エ**ンタープ**ライズ
  ガ**イド**ライン
  バ**ーミン**ガム
  リ**バプ**ール
  ワ**シン**トン

一方、これらの語の元の英語のアクセントは、次のように最初の音節にある。なおかっこ内は、英語に近づけたカタカナ英語の発音である。

  AIDS virus　（**エ**イズバイラス）
  enterprise　（**エ**ンタープライズ）
  guideline　（**ガ**イドライン）
  Birmingham　（**バ**ーミンガム）
  Liverpool　（**リ**バプール）
  Washington　（**ワ**シントン）

サーファーと surfer

　英語とカタカナ英語のアクセントの相違点の第二は、英語では最初の音節にアクセントをおくのに対して、カタカナ英語では2番目から最後の音節までアクセントをおくことである。前項のカタカナ英語のアクセントとの違いは、アクセントが最後の音節まで続くことである。

　例えば、サーファーという語のアクセントを見てみよう。サーファーは、2番目の音節で音が上がり、その高い音が最後の音節まで続く。一方、英語の surfer では、アクセントはサーファーのように最初の音節におかれ、他の音節は弱く発音される。

　サーファーのようなアクセントは、平板アクセントと呼ばれ、現在では若者を中心に流行している。次のような語が平板アクセントである。

　　　モデル
　　　ボーカル

　これらの語の元の英語では、アクセントは最初の音節にある。

　　　model　（モデル）
　　　vocal　（ボーカル）

デザイナーと designer

　英語とカタカナ英語のアクセントの相違点の第三は、英語では2番目の音節にアクセントをおくが、カタカナ英語では前項で述べた平板アクセントで発音することである。

その例は、デ**ザ**イナーなどの発音である。デザイナーは、英語では designer であるからアクセントは 2 番目の音節にあり、ディ**ザ**イナーが英語に近い。デ**ザ**イナーのように発音されている語には次のようなものである。

　　ディス**カッ**ション
　　ディ**ベー**ト
　　リ**ア**クション

　これらの語も元の英語では、アクセントは 2 番目の音節にある。

　　discussion　（ディス**カッ**ション）
　　debate　（ディ**ベ**イト）
　　reaction　（リ**ア**クション）

ミュージシャンと musician

　英語とカタカナ英語のアクセントの違いの第四の点は、英語では 2 番目の音節にアクセントをおくのに対して、カタカナ英語では最初の音節にアクセントをおくということである。例えば、ミュージシャンと musician のアクセントの違いがそれを示す。**ミュー**ジシャンは、最初の音節にアクセントがおかれるが、英語の musician はミュー**ジ**シャンのように 2 番目の音節にアクセントがおかれる。

　これと同じケースには、次のような語がある。

　　ミュージアム
　　アドバイス
　　エンデバー

　これらの語の元の英語は、2 番目の音節にアクセントが

おかれる。

>   museum　（ミュージアム）
>   advice　（アドバイス）
>   endeavor　（エンデバー）

ボランティアと volunteer

　相違点の第五は、英語では最後の音節にアクセントをおくのに対して、カタカナ英語では2番目の音節におくことである。例えば、英語の volunteer（ボラン**ティ**ア）や frontier（フロン**ティ**ア）は、最後の teer と tier にアクセントがあるが、カタカナ英語ではボラン**ティ**ア、フロン**ティ**アである。

オペレーターと operator

　次に、英語とカタカナ英語の母音についての違いを見てみよう。この面でまず気がつくのは、カタカナ英語の母音の発音がローマ字発音の影響を強く受けているということである。最も顕著な例は、e をエと発音することである。
　e がローマ字の発音のようにエと発音される例は、次のような語で、下線部がカタカナ英語の特徴的発音の部分である。

>   オ<u>ペ</u>レーター
>   <u>メ</u>ディア
>   サ<u>テ</u>ライト
>   マ<u>テ</u>リアル

これらのカタカナ英語の元となる英語は、operator、media、satellite、material であるが、operator の ope がカタカナ英語ではローマ字式にオペと発音されてオペレーターとなり、media の me がメとなるためメディアと発音されている。また、satellite の te と material の te もテと発音されることからサテライト、マテリアルと発音されるのである。

　そこでこれらのカタカナ英語の発音を英語らしくするにはどうすればよいだろうか。それには次のように、オペレーターのペはパと発音し、メディアのメはミーと発音し、サテライトのテはタと発音し、マテリアルのテはティーと発音するのがよい。

　　　オ<u>パ</u>レイター
　　　<u>ミー</u>ディア
　　　サ<u>タ</u>ライト
　　　マ<u>ティー</u>リアル

ロマンチックと **romantic**

　カタカナ英語がローマ字発音の影響を強く受けている次の例は、ti がチと発音される特徴である。次の語の下線部の発音がそれを示す例である。

　　　<u>チ</u>ケット
　　　マル<u>チ</u>メディア
　　　ロマン<u>チ</u>ック
　　　ドラマ<u>チ</u>ック

　これらの語の元の英語は、ticket、multimedia、

romantic、dramatic であり、ti という綴りが含まれている。この ti はローマ字では ta, ti, tu, te, to（タチツテト）のチに相当することからその影響でチケット、マルチメディアなどの発音が生まれたのである。

しかし、これらの英語の ti はティと発音するほうが英語に近いので下線部は次のように発音するのが望ましい。

<u>ティ</u>ケット
マル<u>ティ</u>ミーディア
ロマン<u>ティ</u>ック
ドラマ<u>ティ</u>ック

エース、ロードと ace、road

最後にカタカナ英語の母音の発音が英語と異なる著しい例をさらに3つあげよう。第一は、英語でエイ、オウと二重母音で発音するところをカタカナ英語でエー、オーと長母音で発音することである。例をみよう。下線部が特徴的発音の部分である。

<u>エー</u>ス
ス<u>ケー</u>ト
<u>ロー</u>ド
<u>コー</u>ト

これらのカタカナ英語の元は、ace、skate、road、coat である。カタカナ英語では ace のエイがエーとなり、skate のケイがケーとなり、road のロウがローとなり、coat のコウがコーとなっている。上のカタカナ英語の発音は次のようにしたほうが英語に近い。

エイス
スケイト
ロウド
コウト

メジャー、メージャーと major

　第二は、カタカナ英語の発音では、英語でエイと二重母音で発音する所をエという短母音で発音することがあるということである。その代表例は、アメリカの野球のメジャーリーグや石油のメジャー資本などという場合のメジャーの発音である。この語の元の英語は major であるから、英語に近い発音は、メイジャーでなければならない。カタカナ英語では英語のメイをメと発音しているわけである。

　このように、日本のマスコミは、メジャーリーグなどと発音しているが、イギリスの前首相のジョン・メージャー氏を呼ぶときはジョン・メージャー氏と言っている。この前首相のフルネイムは John Major で姓は Major であるから、メジャーリーグなどの major と同じ綴りである。同じ綴りの語なのにカタカナ英語では異なった音で発音しているわけである。ここにカタカナ英語の気まぐれが見られるのである。

　メージャー氏の発音の場合も英語らしくするためには、メイジャーとしなければならないのは当然である。

第9章　カタカナ英語のアクセントと母音

ネバダと Nevada

　第三は、英語の長母音をカタカナ英語においては短母音で発音することもあるということである。例えば、次のような語では下線部が短母音化される。

　　　ネ<u>バ</u>ダ（アメリカ西部の州）
　　　<u>フェ</u>ニックス（アリゾナ州州都）
　　　<u>ア</u>マコスト（元駐日アメリカ大使）
　　　クロ<u>マ</u>ティ（元読売ジャイアンツ外野手）

　これらの英語は固有名詞で、それぞれ Nevada、Phoenix、Armacost、Cromartie である。これらの語の長母音がカタカナ英語では短母音で発音されている。英語らしく発音するためには、次のようにしなくてはならない。

　　　ネ<u>バー</u>ダ
　　　<u>フィー</u>ニクス
　　　<u>アー</u>マコスト
　　　クロ<u>マー</u>ティ

　Armacost 氏や Cromartie 氏の姓を英語に忠実に読めば、アーマコスト、クロマーティとなるのであるが、日本のマスコミがアマコストやクロマティと発音したため、それが一般に広まった。長母音のアーやマーが無視され、短母音のア、マで発音されたわけである。

　以上、カタカナ英語の発音やアクセントと元の英語の発音やアクセントとの違いを述べてきたが、本項で提示したような英語に近い発音をカタカナ英語が取り入れれば、英語によるコミュニケーションに非常に役立つと思う。

第10章

学習の障害となるカタカナ英語

今まで見てきたようにカタカナ英語は英語学習の障害となってしまうことが珍しくない。それは、英語学習者にとってカタカナ英語と本物の英語を区別することが困難なことが多く、その結果、和製英語やカタカナ英語などを本物の英語と誤解して覚えてしまうことがあるからである。

　本物の英語とは異なるカタカナ英語を正しい英語として記憶してしまえば、当然ながら外国人と英語を話す時、うっかりそれを使ってしまう危険性がある。そうならないように、学習者は本物ではないカタカナ英語に早く気づき、正しい英語を覚えるようにしなくてはならない。

　そこで英語学習者が、マスコミなどに影響されてカタカナ英語をどのくらい本物の英語として誤解しているかを見るために、1999年に東京都内の大学生101人に対し、調査を試みた。

　調査は、下線部をつけたカタカナ英語を含む日本文とそれを英訳した英文を与え、英文のかっこに語句を補って文を完成してもらう方法で行った。以下が調査結果である。パーセントは、カタカナ英語を本物の英語と考えている学生の率を示す。正答には*をつけた。

　なおカタカナ英語はほとんどすでに本書で取り上げた語を使っている。

質問と回答

(1)　50パーセント以上の学生が正しい英語と考えたカタカナ英語

1. オープンキャンパスはいつですか。
　　When is your open (　　　　　　　　)?

1. campus　　　　　　57.2%
2. house*　　　　　　0%
3. day*　　　　　　　0%

オープンキャンパスを本物の英語と思い、open campus と書いた学生が約6割である。しかし、open campus は本物の英語ではなく、アメリカ英語では open house、イギリス英語では open day が正しい英語である。正解の英語を書いた学生はいなかった。

2．彼女の首に<u>キスマーク</u>がある。
　　She has a （　　　　　）on her neck.
1. kiss mark　　　　70.8%
2. hickey*　　　　　2.3%
3. lovebite*　　　　0%

キスマークも本物の英語と間違えられている表現である。7割を越える学生が kiss mark と答えている。正解はアメリカ英語では hickey、イギリス英語では lovebite であるが、正解率は極めて低い。

3．<u>タウンページ</u>を見てごらん。
　　Check out the （　　　　　）Pages.
1. Town　　　　　　57.2%
2. Yellow*　　　　　9.7%

ここでは約6割の学生がタウンページを本物の英語と思っていることが分かった。正解は Yellow であるが、このように答えた学生は約1割にすぎなかった。

4. 福留はタッチアウトだ。
   Fukutome was (　　　　) out.
   1. touched　　　　55.3%
   2. tagged*　　　　0%

タッチアウトは、55パーセントの学生が本物の英語と誤解している表現である。正解は、tagged である。この表現を書いた学生はゼロであった。

5. そのファミリーレストランへ行こう。
   Let's go to the (　　　　　).
   1. family restaurant　66.0%
   2. restaurant*　　　　18.4%

ファミリーレトランというカタカナ英語は「家族用のレストラン」という意味だが、英語の国々では特に家族用と指定された種類のレストランはなく、単に restaurant と呼んでいる。このファミリーレストランは、本物の英語に聞こえるらしく7割に近い学生が family restaurant と書いた。正解の restaurant と書いた学生は、2割に満たなかった。

6. 彼はフリーのジャーナリストだ。
   He is a (　　　　) journalist.
   1. free　　　　　　51.4%
   2. free-lance*　　　3.8%

フリージャーナリストのフリーを本物の英語と考えfree と答えた学生が5割以上いたことは驚きである。それに反して、free-lance という英語表現を知っていた学生

はわずかに4名だった。

(2) 30〜49パーセントの学生が正しい英語と考えたカタカナ英語

7．彼女は<u>キッチンドリンカー</u>だ。
She is a （　　　　　　　） drinker.
1. kitchen　　　　　44.6%
2. closet*　　　　　0%

キッチンドリンカーは「台所で隠れて酒を飲むアル中の主婦」のことであるが、これを英語と思っている学生はかなり多く、4割をはるかに越えた。一方、このカタカナ英語に該当する英語表現の closet drinker を知っている学生はゼロであった。

8．<u>ダイヤルイン</u> 03-1578-5555
（　　　　　） 03-1578-555
1. Dial in　　　　33.9%
2. Phone*　　　　0%
3. Tel*　　　　　0%
4. Ph*　　　　　0%

ダイヤルインも現在多用されているので3分の1の学生が本物の英語と思っていた。しかし、これは英語ではなく和製英語である。英語では、Phone がアメリカ英語、Tel がイギリス英語、Ph がオーストラリア・ニュージーランド英語である。このような本物の英語を書いた学生は皆無であった。

9．教会の<u>バージンロード</u>は長かった。

The (　　　　　) at the church was long.
1. virgin road　　　　34.9%
2. aisle*　　　　　　0%

カタカナ英語のバージンロードは本物の英語らしく聞こえるとみえて、virgin road と答えた学生が3分の1を越えた。正解の aisle と答えた学生は、皆無であった。

10　<u>フライドポテト</u>がおいしい。
(　　　　) taste good.
1. fried potatoes　　36.8%
2. French fries*　　　24.2%
3. chips*　　　　　　0%

フライドポテトに当たる英語は、アメリカ英語ではFrench friesであり、イギリス英語ではchipsである。しかし、French fries と答えた学生は4分の1にすぎず、chipsという解答はなかった。3分の1をはるかに越える学生が fried potatoes と答えているが、これは前述のように別の物をさすのである。

11.　<u>ブランド</u>品は好きですか。
Do you like (　　　) products?
1. brand　　　　　　39.8%
2. brand-name*　　　2.9%

ブランドの元の英語であるbrandは「商標」の意味にすぎないが、約4割の学生がこれを「有名メーカーによる高級品」という意味にとらえた。この意味を表す英語表現は、brand-nameであるが、これを知っている学生は3パ

ーセントにすぎなかった。

12. それは<u>ペーパーカンパニー</u>だ。
    It is a (　　　　) company.
    1. paper　　　　　42.7%
    2. bogus*　　　　　1.8%

「ペーパーカンパニー」に使われているペーパーは、純然たる和製英語であるが、学生の4割以上がpaperと答えている。正答の1つであるbogusを用いて答えた学生は、約2パーセントにすぎなかった。

13. 消費<u>マインド</u>は冷えている。
    Consumer (　　　　) for shopping remains weak.
    1. mind　　　　　44.6%
    2. desire*　　　　2.9%

消費マインドのマインドは、「意欲」を表すが英語のmindにはその意味はない。しかしmindと答えた学生がかなり多く、44パーセント強であった。正しくdesireという英語で答えた学生は極めてわずかだった。

14. 英語ができることは<u>メリット</u>だ。
    Having English skills is a (an) (　　　　).
    1. merit　　　　　33.0%
    2. advantage*　　19.4%

カタカナ英語のメリットにつられてmeritとした学生が3分の1いた。正解は、advantageであるが、そう答えた学生は2割に満たなかった。

第10章　学習の障害となるカタカナ英語

15. 彼女はレースから<u>リタイヤ</u>した。

    She has (　　　　) out of the race.

    1. retired　　　　　　33.0%
    2. got　　　　　　　　12.6%
    3. dropped*　　　　　 4.8%

日本式英語で「レースからはずれる」を意味するリタイヤを英語と思いretiredと答えた学生が3分の1いた。正解はdroppedであるが、この語を使った学生は5パーセントに満たない。

16. 社屋は<u>リニューアル</u>工事中です。

    We are (　　　　) our building.

    1. renewaling　　　　33.0%
    2. repairing　　　　　1.9%
    3. remodeling*　　　　0%

「改装」という意味でリニューアルを使うのは純然たる日本式英語であるが、3分の1の学生がこれを本物の英語と思い込んでいることが分かった。repairを使った学生が2名いたがこれは「修理する」ことを意味するから意味が違う。英語でリニューアルに当たる語はremodelであるが、この語を使った学生は皆無であった。

17. 家を<u>リフォーム</u>したいんです。

    I want to (　　　　) my house.

    1. reform　　　　　　39.8%
    2. remodel*　　　　　 0%

カタカナ英語のリフォームを本物の英語と考え、英文に

reformと書き入れた学生が約4割いた。このほかrepair（修理する）やchange（変える）も4人いたが、リフォームは「改装する」であるから、英語ではremodelというのが普通である。しかし、このように答えた学生はゼロであった。

(3) 20〜29％の学生が正しい英語と考えたカタカナ英語

18. <u>コンセント</u>はどこだ。
    Where is the (　　　　)?
    1. consent   24.2%
    2. outlet*   2.9%
    3. socket*   0.9%
    4. power point*   0%

コンセントというカタカナ英語を本物の英語と思い込んでいる学生が約4分の1いた。それに反し正解のoutlet（アメリカ英語）やpower point, socket（イギリス英語）は合わせて約4パーセントにすぎない。

19. あれは<u>バイキング・レストラン</u>です。
    That is a (　　　　) restaurant.
    1. Viking   23.3%
    2. buffet-style*   15.3%
    3. self-service   6.7%
    4. smorgasbord*   0.9%

和製英語のバイキングの影響を受けてVikingと答えた学生が約4分の1いた。一方、正解のbuffet-style、smorgasbordで答えた学生は少なかった。

第10章　学習の障害となるカタカナ英語　**159**

(4) 正しい英語と考えた学生が19パーセント以下のカタカナ英語

このカテゴリーに入るカタカナ英語は、学生たちが本物の英語ではないことは何となく分かりながら、さりとて正しい英語が浮かんでこない語である。(かっこ内は、正しい英語。)

フリーダイヤル (toll free)、アバウト (irresponsible)、バトンタッチ (pass a baton)、イメージアップ (improve one's image)、輪ゴム (rubber band)、サービス (=プレゼント) (gift)、ハプニング (something unexpected)、ダイヤ (train schedule)、フライング (false start, jump the gun)、ペースダウン (slow down)、アップ (zoom in on)、生放送 (live)、ゴールイン (arrive at the finish line, marry)、デッドボール (The pitch hit the batter.)、ホームイン (reach home)

本物の英語と誤解されやすいカタカナ英語

以上の結果から、3分の1以上の学生が本物の英語と誤解しているカタカナ英語表現をまとめてみよう。

誤解されるカタカナ英語	パーセント	正しい英語
キスマーク	70.8%	hickey, lovebite
ファミリーレストラン	66.0%	restaurant
タウンページ	57.2%	Yellow Pages
オープンキャンパス	57.2%	open house
タッチアウト	55.3%	tag out
フリー(ジャーナリスト)	51.4%	free-lance
キッチンドリンカー	44.6%	closet drinker
(消費)マインド	44.6%	desire
ペーパーカンパニー	42.7%	bogus company
ブランド	39.8%	brand-name
リフォーム	39.8%	remodel
フライドポテト	36.8%	French fries, chips
バージンロード	34.9%	aisle
ダイヤルイン	33.9%	Phone, Tel, Ph
メリット	33.0%	advantage
(レースを)リタイヤ	33.0%	drop out
リニューアル	33.0%	remodel

これらの表現は、多くの学生たちが本物の英語と誤解しているカタカナ英語の代表例である。学生たちはこれらを外国人と英語で話したり、英作文するときに使うだろう。特に、50パーセント以上の学生が本物の英語と理解しているキスマーク、ファミリーレストラン、タウンページなど

の表現は、その可能性が極めて高い。また、リフォーム、バージンロード、リタイヤなどの表現も3人に1人が使う傾向があり、これらも危ない表現である

　問題は、もし彼らがこれらの表現を外国人との英語によるコミューニケーションの際に使用したらどうなるか、ということである。当然のことであるが、本物の英語でないから、外国人にとっては意味はちんぷんかんぷんであり、理解できないのである。したがって、コミューニケーションは、失敗してしまう。これらのカタカナ英語を使った学生たちはこのとき初めてそれらが本物の英語ではなかったことを思い知らされることになる。この意味で、和製英語や英語の意味を変更したカタカナ英語は、英語を学ぶ学生たちにとって、極めて迷惑な存在なのである。

　ここで扱った表現は、ほんの一例にすぎないが、一見英語らしく見えながら本物の英語でないカタカナ英語表現は、ほかにもたくさん存在する。悲劇的現実は、そのような言わば偽りの英語表現が、マスコミなどを通じて日常茶飯に用いられ、日本人英語学習者を迷わせているということである。しかも、さらに多くの新語が次から次へと作られているのである。

　以上のことから考えると、カタカナ英語の弊害を日本人全体が認識し、正しい英語表現を使うよう努力しなければならない。特にマスコミ、官庁、産業界でカタカナ英語を作り出している人々は、その悪習を即刻中止し、日本を開かれた国際国家とするために、国際社会で通用している本物の英語を使うことに留意すべきである。

第11章

飾りとしての変則英語

今までの各章ではカタカナ英語の実態を見てきたが、本章と次章ではカタカナではなく英語の文字や綴りを使ってはいるものの、カタカナ英語よりさらに無内容で変則的な英語表現を扱う。これらの英語表現には英語としては認められないニセの英語表現も含まれる。

　日本人の言語生活においては、カタカナ英語とともに、英語がそのままの形で用いられ、商品名、広告、看板などに使われている例が多い。その結果、英語が現代日本人の生活の一部となっているかのような印象を与えているのである。

　なぜ英語がそんなに使われているかといえば、2つの理由が考えられる。1つは、英語の語句などは、飾りとして有効だということである。それは、英語が高級で華やかなイメージを与え、商品などを引き立てるからである。もう1つの理由は、英語が英米風でロマンティックなムードをかもし出すために効果があるということである。例えば包装紙などに書かれた英語の文が日本人を空想の世界に導くが如き役割を果たしていることが多いのである。

　このことは、テレビや新聞の広告や街頭でいっぱい目に入る英語の文字や語句は、何らかの意味内容を伝える言語手段としては使われているのではないことを意味する。だからこそ、その種の英語は意味が不明確であったり、英米人などにとってショッキングな内容であっても問題にならないし、綴りや文法が間違っていてもよいのである。以下においてこのような「変則英語」の例を見ていこう。まず最初に飾りとして使われている英語についてである。

学生の反応

広告や商品名に使われている英語は飾りであることが日本人に意識されているのだろうか。このことを知るために1999年に東京都内の大学生188人に対してアンケート調査を行った。次はその結果である。

質問 Tシャツやジャンパーに SHAKE とか SPORTS CLUB などという英語が書かれていますが、それらの意味は重要だと思いますか。

回答 1．英語は単なる飾りだから、意味は関係ない。
　　　　　　　　　　　　　　　　50.8%
　　　2．意味も重要である。　23.5%
　　　3．どちらとも言えない。　25.4%

この結果から、SHAKE や SPORTS CLUB などのような英語は、単なる飾りであると認識している学生が多数いることが分かった。すなわち、「英語は単なる飾りであり、意味は関係ない」と答えた学生が半数以上いるのである。

一方、「意味も重要である」と答えた学生は、わずかに2割強にすぎない。また「どちらとも言えない」と答え、消極的に「意味は関係ない」ことを認めている学生もかなりあり、意味無関係派が圧倒的に多いのである。

このような学生たちの言語態度こそ奇妙な英語が人々の衣服やバッグ、商品名などに氾濫している要因である。英語は格好のよいデザインと同じ扱いを受けているわけである。一般に日本人にとっては、英語の文字が書かれていればよいのであって、その意味やスペリングなどを問題としないという傾向があると言えよう。これは誤った英語を容

認するという言語態度にほかならない。

そこでさらに飾りとして用いられている英語の例を挙げ、英語使用の実態を見てゆきたい。以下にあげる例は東京都内で見られたもので、アメリカ人やオーストラリア人の友人や筆者が集めたものである。集めた場所は赤坂、渋谷、原宿、新宿、吉祥寺、八王子である。したがって、「東京都内には」という場合はこれらの地区をさす。

USC や UCLA

学生や若者たちにとって英語は飾りにすぎず、その意味は問題にされてないことは、まずTシャツやジャンパーなどに書かれている英語で分かる。TシャツやジャンパーにはよくUSCやUCLAなどと書かれているので、そのようなTシャツを着ている学生たちに意味をたずねたことがある。しかし結果は、意味不明ということであった。そこでなぜそのTシャツを買ったかを聞くと英語の文字が格好よいからという答えが返ってきた。彼らにとってUSC、UCLAなどの意味は問題ではなく、それらが装飾の模様として見栄えがするかどうかが重要であることが分かった。

ちなみに、USC は南カリフォルニア大学（University of Southern California）を表し、UCLA はカリフォルニア大学ロサンゼルス校（University of California at Los Angeles）を表す。このようなアメリカの大学名を胸に書いたTシャツやジャンパーなどを着ている日本人の若者を見るとアメリカ人たちは、それらの大学に留学した学生たちであろうと思うのが一般的である。それを確かめるため

に、学生たちに尋ねてみて、胸や背に書いてある英語の意味が分からないとなると、彼らは驚いてしまうのである。

買い物袋に書かれている英語も同様である。袋を持っている人々の多くは、その英語の意味に関心もなければ理解もしていない。その袋を提供した商店の店員たちも同じである。彼らにとって重要なのは、英語が高級店、高級品のイメージを与える装飾であるということだけである。だからこそ訳のわからない英語が書かれていても平気なのである。

SKIN HEAD

飾りとしての変則英語は、英米人などを驚かせたり、首をひねらせたりするおかしな店名を出現させる。英語を使って店名や宣伝文句を考える場合、それらの装飾としての機能のみに関心を持ち、意味を考慮しなかったために異様な英語が使われるわけである。例えば、東京都内にはSKIN HEAD という貴金属店、VIRUS という理髪店やSAVAGE という名の店があり、MOS BURGER というチェーン店もある。これらは、英米人が見れば驚かざるを得ない店名である。

SKIN HEAD は髪をそったならず者やドイツの暴力的ネオナチ青年を連想させる語である。また、VIRUS は「ウイルス」の意味のほか「病原体」の意味があり、virus warfare（細菌戦）のように使われることがある語である。SAVAGE は「残酷な、未開の」を意味する形容詞や「未開民族」という名詞でもあり、MOS は moss

（こけ）を連想させるので、MOS BURGER は「こけのバーガー」になりかねない。このような店名は、装飾機能に着目した関係者が珍しい名前を選んだ結果と思われるが、英米人などにとってはとても不思議な感じがするに違いない。

　また意味の全く分からない店名も多い。例えば、都内には HIS WAY や Dress Black という衣料店、CARD FANATIC という記念品店があるが、これらの英語は意味不明である。HIS WAY は「彼の道」であるが、HIS とは誰のことだろうか。何を表現しようとしているのか分からない。Dress Black の意味は「黒衣を着ろ」となってしまうが、実際には歴史の古い女性用のウェディングドレス専門店である。CARD FANATIC は「カード」という名詞のあとに「熱狂的な」という形容詞がきていて普通の英語の語順が転倒している。しかし、FANATIC CARD としても意味不明である。このような英語の店名も飾りにすぎないから意味内容は問われないのであろう。

Bar Beaver

　店名や商品名などにはいわゆる四文字語（性や排せつに関する卑わいな語）やそれに近いタブー語も使われているから驚く。東京都内には Bar Beaver というバーや BIG BOX というスポーツセンターがあるが、これらで使われている Beaver や BOX は、いわゆる四文字語である。

　スラング辞書の *The Dictionary of Contemporary Slang*（1990）は、beaver については 'the female genitals'、box については 'the vagina' と定義している。いずれも「女性の陰部」を表し、英米人が一般的に知っているスラングである。この辞書によれば、box はイギリスの男の子たちの間ではしばしば「男性の陰部」の意味にも使われ、cricket box と言えば、クリケットの試合のとき着用するプロテクターのことだという。

　Daisy というバーもある。daisy は「ヒナギク」を意味し、可憐な感じがするが、同上の辞書に 'A male homosexual or effeminate man' と出ているとおり「ホモ、女性的な男性」を意味する語である。

white sports

　街角に書かれた意味不明の広告に使われている英語もほとんど飾りである。例えば、代々木の室内競技場には「アイススケートオープン」という広告が出されていたが、その上に英語で white sports と書かれている。この white sports は「白いスポーツ」の意味であろうが、このよう

なスポーツは存在しない。多分スケートをさしてこのような英語を造語したと思われるが、英語としてはナンセンスである。

同じ室内競技場には We'll always love you. と書いた小塔も立っている。この英語は「あなたがたを常に愛するだろう」であるが、なぜ未来形にしているのか、誰が誰に向かって言っているのか、どうしてそのようなメッセージを送るのか不明である。通行人に向かって漠然と「いつも愛するだろう」と言っても何のことか分からない。

同じく都内には Pray Get Into A Groove/New Maxi Style Now on Sale と書いた洋服店がある。この英語の後半の意味は「新しいマクシー・スタイル売り出し中」であろうが、前半の英語の意味が分からない。Pray は「祈る」、Get Into A Groove は「型にはまる」という意味だから「型にはまるように祈れ」という意味だろうか。「型にはまる」ということは、個性を失うことであり、個性を重んじるファッションを売り物にするにはむしろ逆のほうがよいのではないだろうか。

また、別の洋服店には that's holiday と書かれた看板が出ていた。この英語も意味不明である。英語らしくするためには That's a holiday. としなくてはならないが、そうしても意味は「それは休日」で何のことを言っているのか分からない。

ある靴修理店の Repair Home service も不思議な英語である。しいて訳せば、「家の修理します」になるだろう。しかし、実際にはそのようなサービスではなく靴修理の店なのである。We repair your shoes. (靴の修理します) と

でもするのがよいのではないか。

　ジーンズの店の看板に書かれていた WALT WHITMAN FROM ANTHOLOGY "ANIMALS" という英語も意味不明である。語順を間違えたのだろうか。もし、FROM を前に出し、FROM WALT WHITMAN ANTHOLOGY "ANIMALS" と言うつもりなら「ウォールト・ホイットマン作品集『動物たち』より」の意味になるが、『草の葉』を書いたホイットマンに果たしてそのような作品集があったであろうか。

　いずれにしてもこの英語は、ジーンズの店の看板の英語としてはおかしく、単なる飾りとしか言いようがない。

HAIR SPACE

　都内の理髪店の看板が、一様に HAIR（髪）という語を使って表示されているのも英米人などには異様な光景である。例えば、HAIR SPACE（理髪店スペイス）、HAIR VIRUS（理髪店ウイルス）、MODS HAIR（モッズ理髪店）などである。英米では理髪店は一般に BARBER SHOP、HAIR DRESSER などと表示しているので、そのようにしないと意味が分からない。

　美容院などに CUT & PERM と書かれているのもよく見かける。これも英米人などには分からない表示である。このままだと意味は「カットしたりパーマをかけなさい」になってしまう。「美容院 STYLING HOUSE」としている店もあるが、これも英語としてはナンセンスである。

　英語らしい美容院の表示は BEAUTY SHOP、HAIR-

第11章　飾りとしての変則英語　*171*

DRESSER である。

Let's keep it clean.

　単語の使用法を誤っているために意味がおかしくなっている例もある。例えば、都内のあるJRの駅のトイレの壁には Let's keep it clean. と書かれている。この注意書きは文法的には正しいが、意味は「それを清潔にしておこう」となり、何を清潔にしておこうというのか分からない。つまり、it が何を指しているか分からないのである。it の使用法が間違っている。

　もし、「このトイレを清潔にしておこう」というのであれば、Let's keep this toilet clean. と言わねばならない。it ではなく this toilet と明確に言うべきなのである。

　それではなぜ Let's keep it clean. のような変な英語がトイレに書かれているのだろうか。答えは、それは単に飾りとして書かれているに過ぎないということである。このトイレを洋風でエレガントなものに見せるための仕掛けとして英語の文が掲げられたのであろう。

　外国人のための注意書きでもないようだ。なぜなら、この駅のトイレを利用する外国人で英語を話す人々はほとんどいないから、そのような英語の注意書きはいらないのである。このことは駅関係者も承知しているはずだから、外国人に向かってこの注意書きを書いたとは到底思われない。

plaza と square

　plaza と square も非常に不適切に使われているため英米人などを面食らわせる単語である。plaza は、「都市の中の広場」のことであり、アメリカ英語では「ショッピングセンター」をも意味する。また、square は「広場」を意味し、アメリカやイギリスなどではいくつかの街路が集まる集合点としての広場であることが多い。ニューヨークの Times Square やロンドンの Trafalgar Square（トラファルガー広場）などその代表である。

　したがって、英米人などはこれらの語が使われているとそこに広場かショッピングセンターがあると思ってしまう。しかし実際には plaza は、都内ではソニー製品販売店の SONY PLAZA や携帯電話販売店の IDO PLAZA やガソリンスタンドの CAR PLAZA などに使われていて、広場やショッピングセンターとは無関係な場所を示している。つまりこの場合 PLAZA はビルの中の売場やガソリンスタンドの中の小さい建物をさしているのである。

　また、square も都内では Tokyu Square をはじめ、Fashion Square などのように使われ、建物や売場の名称となっている。これも広場とは関係のない場所を表す装飾として使われているわけである。

　plaza も square も建物の中に小公園付きの広場があることを連想させる可能性がある点で日本人にはよい名称かもしれないが、英米人などにとっては事実ははなはだしく異なっているのである。

第11章　飾りとしての変則英語　*173*

Traing

　英語が飾りに使われているだけであることは、街角や公共の建物に書かれた英語のスペリングや文法が誤っていることがよくあることからも分かる。飾りだからそのようなことには注意が向けられないのである。

　スペリングの誤りの最も代表的なものは、JR 東日本の各駅で見かけるおなじみの Traing である。実はこれは英語の単語としてはスペリングが誤っている。Traing のようなスペリングの単語は英語にはないのである。この広告にはご丁寧にも Train + ing = Traing という変な公式まで書いてあるが、これは中学生でも分かる間違いである。正しい英語ならば、Train + ing = Training でなければならない。

　意味も Traing で「列車で旅をする」ということらしいが、これは全く英語を無視した造語である。それではなぜこのような誤った英語の造語が行われたかと言えば、その造語がなんとなく新鮮で高級なイメージをかもし出すと JR の担当者が考えたからにほかならない。つまり英語らしい文字なら、たとえスペルが誤ったものであっても、装飾としては効果的だと判断したのであろう。あるいは英語を装飾として使うことだけに気をとられていて、スペルの間違いに気づいてもいないのかもしれない。そうだとすれば、何をか言わんやである。

　その他、英米人などが一様に指摘する綴りの間違いで多いのは、r と l の取り違えである。レストランのメニューにはよく Fresh fruit（新鮮な果物）が Flesh fruit となっ

ていたり、Fries（フライ）がFliesとなっていたりするという。Fleshとすると「肉の」の意味になり、Fliesとすると「はえ」になってしまう。

McDonald's Hamburger

英語の文法の誤りで次に多いのは、複数形のsを落としていることと逆に余計なsをつけていることである。このように単数複数の区別を間違えるのは、日本語に厳密な単複の区別がないからだと思われるが、われわれの調査だけでもかなり見られた。

例えば、あるマクドナルド店に大きくMcDonald's Hamburgerと書かれていた。この場合、Hamburgerは複数形のHamburgersでなければ英語としてはおかしい。また、薬局などでDRUG & COSMETIC（薬と化粧品）となっていたり、書店などでBOOK VIDEO CD（本、ビデオ、CD）となっていたりするが、これらはそれぞれDRUGS & COSMETICS、BOOKSなどとするべきである。

ある釣具店にはRiver & Stream（川と小川）と書いてあったが、これはRivers & Streamsとするべきである。

さらに、営業時間を示す表示がOffice Hourと単数形になっている会社もあった。これはOffice Hoursが正しい。

都内には喫茶店兼ケーキ店が多いが、その中にCOFFEE CAKE SANDWICHという英語表示をしている店があった。この場合のSANDWICHはSANDWICHESのように複数形にするのが普通である。

第11章　飾りとしての変則英語　175

靴・バッグ店にSHOES BAG ACCESSORYとあったが、SHOESだけでなくBAG、ACCESSORYもBAGS、ACCESSORIESと複製形にすべきである。

以上の場合とは逆に複数形を使うべきではない語にさらにsをつけている例としては、Select foods（極上の食品）と書かれた食品店の看板や、Herbs Shop（漢方の店）という店名の例がある。これらの場合、foodもHerbも単数形が正しい。

NEW OPEN!

　その他にもさまざまな英語の使い方の誤りが目につく。新しく開店した店の店頭に NEW OPEN！と書かれていたが、「新規開店！」の意味だったら NEWLY OPENED！とするのが正しい。同様に、コーヒー店の看板の FRESH ROASTED（ひきたてのコーヒー）は、FRESHLY ROASTED とすべきである。

　また、EXCITE BARGAIN 30%〜60% OFF と大書した商店の英語は、このままだと「バーゲンを興奮させよ」の意味になってしまう。「すごいバーゲン」の意味だったら EXCITING BARGAIN とすべきである。

　有名デパートのこども用品売場には、YOU WILL ALWAYS BE A WELCOME HERE.（お客様をいつでも歓迎申し上げます）と書いてあったが、WELCOME の前の A は不要である。また、和食食堂の看板に書かれた、Rice of Delicious という英語はすごい。これは「おいしい米」という意味で書いてあると思われるが、全くナンセンスな英語である。

氏名のあとのローマ字

　英語が飾りとしてだけ用いられていることは、日本語の氏名とともにローマ字で氏名が併記されていることがよくあることでも分かる。例えば、雑誌のエッセイや論文を載せる場合、作者の氏名を日本語で書くとともにその上か下にローマ字で氏名を表すことがある。ある週刊誌では記事

を執筆した作家の氏名を次のように提示していた。

　　　池田晶子
　　　Akiko Ikeda

この週刊誌は、日本人の読者を対象とする雑誌だからローマ字で氏名を書くことは全く必要ないのである。それにもかかわらずローマ字が使われる。理由は、英語の文字が強い印象を与える飾りとしてぴったりだからであろう。

このような傾向は、雑誌に掲載されるイラストやデザインなどの担当者を示すときも使われることがある。例えば、ある週刊誌に次の例があった。

　　　Illustration　いとうひろし
　　　Design　　　堀　直子

イラストもデザインも日本語で書いてもよいのであるが、あえて英語で書く理由は何だろうか。英語のほうが、高級なイメージを与える装飾的価値があるからではないだろうか。

歌詞の中の英語

変則英語は、若い歌手が歌う歌謡曲の歌詞の中にも装飾として用いられている。この種の英語は、歌詞の一部としてではなく調子を高めるためだけに使われているのだから、当然意味もない語句が使われていることが多い。その例を安室奈美恵の歌で見てみよう。

(1)気持ちが届いて　でもまだ遠くて
　　A walk in the park

必ず誰かは　優しい
A walk in the park
本当はあなたにもそばにいて欲しい
　　　　　（A walk in the park）

(2)ずっとあたためて　声にならなくて
　いつも笑顔だけ　みていて満たされる
　Can't stop fallin' in love　誰も....
　Can't stop fallin' in love　何も....
　　　　　（Can't Stop Fallin' in Love）

(3)深く眠る　ずっと眠るよ
　まちわびたのはあなたのため

　陽炎も　Yes Yes
　夕立も　Yes Yes
　微笑も　Yes Yes
　いつの日も　Yes Yes
　　　　　（YES ～ free flower ～）

　この歌詞の中の英語語句は、意味的に必要欠くべからざる要素であろうか。歌の意味は日本語ですべて表現できるのであるから、意味的には英語を使う必要は全くないのである。つまり英語の語句がなくとも意味は伝わるのである。
　ではなぜ英語の語句が使われるかといえば、飾りなのである。飾りだから(1)の A walk in the park のように日本語の部分と関係がなくてもよいのである。A walk in the

park は、「公園の中の散歩」という意味だから恋人への恋のメッセージとなっている日本語の歌詞とは関係がない。

また、英語は装飾にすぎないから(2)の Can't stop fallin' in love のように日本語の部分と整合性に欠けてもよいのである。この英語は「恋に落ちないではいられない」という意味であるが、直前の歌詞には「いつも笑顔だけみていて満たされる」とあるから恋は進行している感じである。そうすると意味的にはこの両者は一致しない。

しかも Can't stop fallin' in love には主語がなく、そのあとの「誰も」「何も」との関係も分からない。「誰も」「何も」は英語の主語であろうか。主語とすると「何も」と「恋に落ちないではいられない」とは結びつかない。物が恋に落ちることはないからである。

(3)の Yes Yes も意味不明である。Yes は質問に対しての返答であるが、誰からも何も問われていないのである。しかも英語ではこのように Yes Yes などと Yes を繰り返して言うことはほとんどない。

要するに、この歌詞の中の英語の語句は歌の調子を高め、強い印象を与えるための道具であり、飾りなのである。

第12章

ムードづくりのための変則英語

広告などに使われている英語の語句や文は、英米風でロマンティックなムードを作り出し、多くの日本人を楽しい空想の世界に誘う。しかし、その内容は漠然としていて英語としては明確性に欠けていることが多い。そのため、英米人などはそれらを見て当惑してしまう。そのような英語の例を見よう。

MORE FOR THE WORLD

　ムード作りに用いられた意味不明の英語広告の代表的な例は国際放送のBBCワールドに流れる日本の商社のコマーシャルである。このコマーシャルは日本語まじりで次のように言う。

　　SOMETHING WE CAN DO FOR THIS PLANET
　　私たちの想いはきっと現実になると思う。
　　この星のために、
　　この星にできることを。
　　MORE FOR THE WORLD
　　NISSHO IWAI

　このうち英語の部分のみが画面に登場し、日本語の部分はナレーションである。全体として、漠然とした美しいムードをただよわせ、視聴者を空想の世界に誘いこむような感じがする。しかし、「地球のために何かしたい」という趣旨のようではあるが、伝えようとするメッセージは明確ではない。

　特に英語の部分は、意味不明である。SOMETHING WE CAN DO FOR THIS PLANET は、「この星のため

に私たちができること」の意であり、MORE FOR THE WORLD も「世界のためにもっと多く」の意である。しかしいずれも断片であって文ではないから何を言おうとしているのか分からない。これらの英語はムード作りのために使われているだけなのだ。

　世界を舞台に激しい商戦を戦っている商社のメッセージは明確でなければなるまい。しかし、このコマーシャルはいかにもムード的で漠然としている。これは対象が、日本国内の消費者だからであろうか。このようなコマーシャルでは国際舞台では人気を得ることはまずむずかしいだろう。

　このコマーシャルは、例えば、次のように言えば趣旨が明確になる。

　　WE WILL FIGHT THE GLOBAL WARMING.（私たちは地球温暖化と戦う。）

　　WE WILL DO MORE FOR THE UNDERPRIVILEGED.（私たちは恵まれない人々のためにもっと多くのことをする。）

BEAUTIFUL COMMUNICATION

　ある不動産屋の入口にその店のテーマとしてMY CITY, MY HOUSE, THE THEME IS BEAUTIFUL COMMUNICATION と書かれていた。意味は、「わが都市、わが家、テーマは美しいコミューニケーション」であろうが、何を伝えようとしているのか分からない。不動産業のテーマが美しいコミューニケーションであると言いたいらしいが一体何を意味しているのだろうか。

　何となくよいムードを作るためだけにこのように意味不明の英語が書かれていると言えよう。

Allergy Tested

　デパートも英語の文字が非常によく目につく場所であるが、都内のあるデパートの化粧品売場には次のような英語が大きく金文字で書かれていた。

　Allergy Tested CLINIQUE 100% Fragrance Free

　この有名な化粧品を宣伝する英語は正しい英語であり、外国人にはすぐ分かる内容である。前半の Allergy tested は、「アレルギーの検査が済んでいる」であり、CLINIQUE はブランド名、残りの100% Fragrance Free は「100パーセント無臭」である。全体として、「クリニークの化粧品は、アレルギーの検査が済んでいるからアレルギー症の人でも大丈夫であり、全く無臭である」という意味になる。

　しかしながら、この売場の客はほとんど日本人であり、

その日本人がこの英語の宣伝文句を簡単に理解できるとは思えない。むしろ日本語で書いたほうが意味がよく伝わるはずである。ではなぜこのように英語で書くかといえば、大書された英語文字の輝きにより豪華で高級な雰囲気を醸しだし、商品を一層引き立てるからであろう。要するに、この場合も英語がムード作りに使われているのだ。

ジャップリッシュ

日本では英語がある種のムードを作るために使われていることは、外国人たちも気がついているようである。例えばかつて日本に滞在し、上智大学で教鞭を取ったことがあるイギリス人のバネサ・ハーディ氏は、そのことを指摘した上で、日本において収集した、次のような例を挙げている。

(1)土産物に書かれていた英語

We are naughty boy and girl, love to go on a spree, but nothing can make up for the loss of my health. Attractive an island Oshima.

(2)眼鏡入れに書かれていた英語

This case packs my dream and eye glasses.

(3)ノートに書かれていた英語

It's a romantic notebook painted with a cute little cellophane tape.

(4)ペンシルケースに書かれていた英語

Tenderness was completed a pastel.

(5)旅の紹介のパンフレットに書かれていた英語

The New York City Theater district is where you can, and us, anyone.

　Vanessa Hardy (1998) *SEPARATE AND EQUAL*. Tokyo: MACMILLAN LANGUAGE HOUSE, p. 82.

　これらの英語は、ほとんどが英語としては不自然で、文法的にもおかしく、意味もよく分からない。そもそも発想が英米人などのものとは非常に異なっている。何らかの情緒・気分を伝えようとしていることは感じられるが、ネイティブスピーカーを当惑させる英語にほかならない。

　ハーディ氏はムードを高めるためだけのこの種の変則英語をジャップリッシュと呼び、「ジャップリッシュは、日本人がロマンティックな空想や郷愁を好む傾向を反映している」と言っている。

第13章

日本発信英語の問題点

30年前の1969年、長谷川潔・堀内克明両教授は、名著『日本人の英語』の中で、日本人の書く英語について次のように述べた。「結局、日本人英語は、直訳を土台に、論理の飛躍した抽象的表現に、雰囲気の英語を加味し、誤植という調味料を振りかけた、珍無類の料理になっている。」(p.185)

この叙述は、当時の日本人の書く英語を的確にコメントしたものと思われるが、30年後の今日において日本人英語はどのように変化したのだろうか。状況は大幅に好転したのだろうか。筆者の経験から言えば、それほどよくなってはいないと感じられる。しかし、事実は果たしてどうだろうか。

この章では、日本の都市が自都市を紹介するためにインターネットのホームページによって世界向けに発している英文プロフィールを検討する。このことによって、日本人英語の実態を探りたいと思う。

情報が世界を駆けめぐる現代において、今最も威力を発揮しているのがインターネットである。インターネットによる情報は、瞬時にして世界の果てまで伝わり、反応もただちに受けることができる。このような状況の中で、日本の都市を世界に知らせるホームページは、言わば日本の窓口に匹敵する重要な役割を果たしている。世界中のどこの国の人でもそれらのホームページにアクセスすれば、日本の都市情報が即座に得られるからである。したがって、そこで使われる英語は、世界の人々によく理解される分かりやすいものでなければならない。

検証の対象は、ホームページに載せられている大阪市と

京都市の紹介プロフィールの一部である。次の３つの視点からそれらを見ていきたい。その３視点とは、（１）日本語からの直訳が多くはないか、（２）分かりやすい英語で書かれているか、（３）語法の誤りや誤植がないかである。

大阪市の英文プロフィール

　大阪市のプロフィールでは、同市の「主要プロジェクト」を紹介したページにいくつかの問題がある。まず、「主要プロジェクト」そのものの英訳が、Project Introduction となっているが、これは英米人などには意味不明。Major Projects（主要なプロジェクト）としたほうがよいであろう。

(1)　Osaka International Convention Hall

Facilities symbolizing Osaka's commitment to global learning and friendly exchange Construction of a world-class conference hall

- ●Construction of a world-class conference hall
- ●Leading base for strengthening the reorganization of Osaka urban areas which are accumulated with urban function of a high order.

　この英語による紹介文は、全体として何のことを言おうとしているのか分からない。タイトルの Osaka International Convention Hall はよいとしても、最初の３行 Facilities symbolizing.....conference hall は、タイトルの説明だろうか。文末の Construction of a world-class con-

第13章　日本発信英語の問題点　**189**

ference hall は、1行下に同じ語句が繰り返されているので、明らかにミスプリントであろうが、それにしても global learning の意味が分からない。最後の Leading.....urban areas.....a high order の意味も不明である。

(2) PURPOSE

To contribute to the promotion of culture, arts and the expanding international business community, a world-class international conference hall shall be created to serve as a new symbol of Osaka, the core facility for friendly exchanges using the latest technology of the communication era.

　この英文は(1)に続いた説明文である。この文の主文は、a world-class international conference hall shall be created である。その主文に対し、その直前に目的を示す副詞句の To contribute.....がおかれているが、直後にも同じく目的を示す別の副詞句 to serve.....がきている。このような場合、英語では2つの副詞句はまとめるのである。そこで全体をまとめて簡潔に言うにはどうすればよいか、筆者の案を示す。

Osaka badly needs a world-class conference hall to promote international business and cultural exchanges.

(3) Osaka City Air Terminal (OCAT)

Osaka City Terminal (OCAT) is an access base connecting the Kansai International Airport to the city. Highlighting the efficiency of the region as an international transportation and communication hub, a bus terminal, train terminal and parking spaces are provided.

　この紹介文の最初の文では、is……base が不自然だからその部分を削り、connecting を connects とするのがよい。次に2番目の文であるが、要は大阪シティターミナルには、バスターミナル、列車ターミナル、それに駐車場も備わっているということが、その趣旨であるから、Highlighting the efficiency.....communication hub は余計である。全体を簡潔に言うと次のようになる。

Osaka City Terminal (OCAT) connects Kansai International Airport with the city. It includes a bus terminal, a train terminal, and a parking lot.

京都市の英文プロフィール

　京都市のプロフィールの中から長文を2つ選んで考察する。First Japan, from Kyoto ①と③である。

　この長文は、まず全体のタイトル First Japan, from Kyoto からしておかしい。これは英語としての意味をなさない。このタイトルは、「京都発日本初」という日本語のタイトルを英訳したものであろうが、その意味になっていない。日本語のタイトルの趣旨は「日本で初めてのものが京都で生まれた」ということであるから、その趣旨にそったタイトルが望まれる。英語で表現するには、Kyoto as pioneer（パイオニアとしての京都）などとするのがよい。

First Japan, from Kyoto ①
[原文]

The first Modern Elementary School was Founded by the Support of the Citizens in 1869

On 21 May 1869, the first opening ceremony of the modern elementary school in Japan was held at the 27th District Elementary School of Kamigyo (the forerunner of Ryuchi Elementary School).

There were administrative districts called bangumi both in Kamigyou and Shimogyo. An elementary school was established in each district, and called bangumi shogakko or district elementary school.

This movement originated in the idea of the townspeople to establish elementary schools. Many contributions and donations enhanced their love of learning, which was exemplified by Naotaka Kumagai who sank his own assets to donate school premises. People of each district united in an effort to build a school. Then a total of 64 elementary schools were opened no less than 3 years before the national government enacted the Educational System. Kyoto people had surely anticipated and embodied the spirit of the System.

Through the change into the New Education System after World War II, Ryuchi Elementary School has become Ryuchi Junior high School. There is a monument besides the main gate of the School, which bears "The First Elementary School in Japan." This clearly convey to us townspeople's enthusiasm for education.

　この英文は、日本文からの直訳の弊害が明らかに出ている文である。第一に、見出しの The First Modern Elementary.....in 1869. は明らかに日本語の見出しを直訳したものであるが、長すぎて焦点が定まらない。これでは、「日本初の小学校が京都で生まれた」ことを強調するのか「そのためには市民の支援が大きかった」ことを強調するのか不明である。全体のタイトルは「京都発日本初」であるから、見出しは前者にしぼり、言わんとすることを明確にすべきである。

　第二に、日本語の原文にある固有名詞を直訳したため、ローマ字が多く、特に前半にそれが集中していて外国人には分かりづらいし、読みにくい。Kamigyo、Shimogyo、Ryuchi、bangumi、bangumi shogakko などローマ字の固有名詞がそれである。これらは日本人が読む場合は、ある程度見当がつくが、外国人にとってはむずかしい。文の中心テーマとそれほど関係がないものはむしろ省略するのがよい。

　第三に、中心テーマにあまり関係ないいろいろな内容が盛り込まれすぎている。文全体のテーマは、日本で初めての小学校が京都で誕生したことであるにもかかわらず、それと関係の薄い bangumi や bangumi shogakko についての説明が3行もあったり、京都市民の貢献を讃える記述が多すぎるし、最後の Rhuchi Junior High School についての記述も長すぎる。これでは、何が中心テーマなのか分からなくなる。これも直訳の弊害である。

第四に、論理的に合わない個所がある。それは、次の文である。

Many contributions and donations enhanced their love of learning, which was exemplified by Naotaka Kumagai who sank his own assets to donate school premises.

この英文では前半で、たくさんの寄付が向学の精神を高めた、ということを述べているが、それに続くwhich以下の文の内容が前半の趣旨に合わないのである。前半で寄付が向学の精神を高めたとするなら、Naotaka Kumagaiは寄付の恩恵を受けて大いに勉学にいそしみ、学問探究の模範となった人でなければならない。向学の精神とはあくまで学問そのものを追究する精神だからである。ところが彼は、財産を売って寄付をした人なのである。Kumagaiは、寄付をたくさん出した人々の代表的人物であったのだろう。それなら、そのように書かなくてはならない。

また、who sank his own assets to donate school premisesの部分は英語としてはおかしい。sankには「投資した」という意味があるが、この意味で使われるのはまれであり、ここでは不適当である。財産を売ったわけだから素直にsoldを使ったほうがよい。またdonate school premisesと言うとKumagaiは学校の敷地を所有し、その敷地を寄付したことになってしまう。しかし、実際には、Kumagaiは、学校を建てるために自身の財産を売ってその金を寄付したのであるからdonateの目的語はmoneyでなければならない。この部分はwho sold his own property to donate money to construct schoolsのように言う

必要がある。

最後はマイナーな点であるが、both in Kamigyo は in both Kamigyo とし、Ryuchi Elementary School has become Ryuchi Junior High School. の has become は became に直すべきである。また、This clearly convey.....の convey は conveys とする。さらに 3 とか 64 のような数字が使われているが、three とか sixty-four のように文字で書くほうがよい。以下に筆者の試訳を示す。

[試訳]
The first elementary school in Japan

On 21 May 1869, Japan's first elementary school was opened in Kyoto. It was built on the site of present-day Ryuchi Junior High School and was called the 27th District Elementary School. If you visit Ryuchi Junior High School, you will find a monument indicating this history.

The elementary school was the dream of the townspeople come true. In those days, people in Kyoto were so educationally minded that they were anxious to build elementary schools. A prominent citizen, in this respect, was Naotaka Kumagai, who even sold his property to raise money for the schools. Many other people emulated him, trying to materialize the dream. This was how the 27th Elementary School was born.

First Japan, from Kyoto ③
[原文]

Added to the Canal Project, the First Hydroelectric Power Station was Completed in 1891

In 1891, Keage Power Station was completed and started to transmit electricity. This was the first hydroelectric power generation project in Japan. Lake Biwa Canal Project which was unprecedented in scale and facilitated the modernization of Kyoto was to build a new canal connecting Kyoto with Lake Biwa. At first, in view of the then technological level of Japan, many people considered it an ill-advised plan. The Project was designed and supervised by Sakuro Tanabe, young engineer who had just graduated from Kobu Daigakko or University of Engineering (the forerunner of the Faculty of Engineering, University of Tokyo). In 1888, in the midst of the construction of the Canal, Tanabe went to America soon after he read an article on the first hydroelectric power plant in the world which had just started to operate in Colorado, USA. With the know-how about the hydroelectric power generation brought back from the United States, he added the construction of a hydroelectric power plant to Lake Biwa Canal Project.

Young Tanabe's abilities and many other people's efforts had materialized Keage Power Station. As a motive power, it has contributed to the development of the industry in Kyoto. After more than a hundred years, the Power Station is still working just as before.

　この英文を検討してみると、First Japan, from Kyoto ①の場合と同じく、まずタイトルの Added to the Canal Project, ...in 1891 が長すぎて焦点が不明確である。「疎水計画に追加された」という部分に重点があるのか「水力発電所の完成」に重点があるのか分からない。この文では、後者に重点があるはずである。そうだとしたら、The first hydroelectric power station in Japan（日本初の水力発電所）としたほうがよい。Added to the Canal Project（疎水計画に追加された）は余計である。

　次に本文であるが、ここでもタイトルと同じく焦点がはっきりしない。初めと終わりを見ると本邦初の水力発電所の完成ということが中心テーマのようにみえるが、中間においては、琵琶湖疎水のことが細かく述べられ、「京都の近代化を進めた大事業」とか「当時の日本の技術力では無謀といわれた」などと書かれている。また、Sakuro Tanabe の出た大学の名が「工部大学（現在の東京大学工学部」と 1 行を超える長さの英語で述べられている。これらの記述は、いずれも中心テーマとはあまり関係ない事項であるからこんなに詳しく述べる必要のないことである。

　このようなわけで、この英文は、タイトルも内容も中心テーマに話題が絞られてないきらいがある。これではインターネットで読む外国人によい印象を与えることはできないだろう。この英文プロフィールの欠点もまた日本文の直訳であることがその原因である。以下に筆者の試訳を付す。

[試訳]
The first hydroelectric power station in Japan

Kyoto is the place where Japan's first hydroelectric power station was built. It was completed in 1891 and named Keage Power Station. It has been operating since then, contributing to the growth of various industries around the city.

An anecdote about the origin of Keage Power Station describes that the idea for its construction came about by chance. Sakuro Tanabe, the builder of the power station, had no previous intention of building it because he was heavily involved in the epochmaking Lake Biwa canal project, which he himself had designed to connect Kyoto with Lake Biwa. But when he happened to read an article on the construction of a hydroelectric power station in Colorado, USA, the first of its kind in the world, he was so fascinated that he decided to make the construction of a power station part of his canal project.

Thus, in 1888 during the construction of the canal, he went to America and learned much about hydroelectric power stations. After returning to Japan, he struggled successfully to bring his idea to fruition. Tanabe was only a young man who had just graduated from a university, but his fresh idea and knowledge led to Japan's first hydroelectric power station.

第14章

日本式英語についての外国人の反応

日本の大学やその他の学校で英語を教えている外国人の英語教師や、日本に駐在している外国の新聞やテレビの記者たちは、氾濫するカタカナ英語、変則英語をどのように見ているだろうか。このことについて情報を得るために17人の外国人英語教師にアンケートで意見を聞いた。以下にその大意を載せるとともに、外国人記者の書いた新聞記事、英字新聞への投書なども紹介する。ここではAETは中学・高校の英語教師をさす。

(1)　外国人教師の意見

　教師の立場から言うと、変則英語はコミューニケーションの妨げとなるから好ましくない。学生たちは、そのような英語を本物の英語だと思っているからだ。反面、変則英語は、日本人が言葉を創造しようとしている結果と言えるかもしれない。　　　　　　　　　（アメリカ人大学講師）

　全く内容のない英語が新聞や雑誌などに書かれているのを見ると気分が悪い。まぎらわしい。
　　　　　　　　　　　　　　　　　　（アメリカ人大学講師）

　英語のユニークなところは、ダイナミックで新語を生み出すことである。だから日本人が英語の新語を作ることは、興味深いし、賢いことだと思う。しかし、そうだとしても、英語の単語を不正確に使ったり、綴りを間違えることは許せない。　　　　　　　　　　　　　（アメリカ人大学講師）

はっきり言って、変則英語は、私のストレスのもとになっている。　　　　　　　　　　　　（アメリカ人大学講師）

　変則英語は人々をまごつかせるばかりでなく、おろかなことだ。それを書く人は、'人目を引こう'としているのだろうが、その実、心がせまく、単純な人間に見えてしまう。
（アメリカ人大学教授）

　変則英語は英語の授業を一層むずかしくしている。学生たちはそれを本物の英語と思っているからだ。
（アメリカ人大学講師）

　変則英語を添削できるネイティブスピーカーがたくさんいるのに、どうして彼らに聞かないのだろう。日本人は、変則英語が好きなのではないか。　（アメリカ人大学講師）

　変則英語はそんなに気にならないが、外国映画のタイトルの翻訳はおかしい。カタカナに直している場合もあるが、多くは意味もない日本語に訳されている。
（アメリカ人大学講師）

　変則英語は、ときにはおもしろいが、日本の英語学習者を混乱させていることを見落としてはならない。
（アメリカ人大学講師）

　変則英語にはいつも笑っているが、気分は悪くない。しかし、英語話者にとってはおかしいだけだが、英語学習者

にとってはとても危険である。学生たちが、日本式英語を正しい英語と思ってしまうからだ。（アメリカ人大学講師）

日本人の幼稚で文法の誤った英語を聞いている西洋人は、彼らに対して横柄な見方をするようになる。
（イギリス人大学講師）

(1)Tシャツなどの英語は危険である。英語使用国では意味も通じないし、誤解されるし、間違った印象を与えてしまう。(2)インターネットの時代においては、日本人はもっと良質の英語を学ぶべきである。　（イギリス人大学講師）

日本人は、自民族中心主義的であり国家主義的である、という印象を受けていた。だから、変則英語が日常的に使用されているのは驚きだった。最初はとまどったが、次第に日本式発音になれた。自分も日本化したらしい。
（オーストラリア人 AET）

思うに、もし正しい英語が中高や大学で教えられていれば、変則英語は生まれなかっただろう。
（オーストラリア人 AET）

Tシャツなどに書かれた英語の宣伝文の中にはとてもおもしろいものもある。それらを見ると、着ている人は意味が分かっているのだろうか、書いた人は方言の英語で書いたのだろうか、それともネイティブスピーカーがおもしろ半分に書いたのだろうかと思ってしまう。

（オーストラリア人 AET）

　変則英語はそれほど気にならない。間違いはかえっておもしろい。とは言えTシャツなどの宣伝文や印刷物などの英語は、正確なものであって欲しいと思う。
（オーストラリア人 AET）

　外国人が日本人と話をするとき、変則英語が役立つこともある。しかし、そのほかでは誤った英語を使われるととても迷惑だ。例えば、多くのクリスチャンの外国人にとっては神をけがす言葉となる Oh my God. が日本では連発されているのである。　　　　（オーストラリア人 AET）

　間違った英語を見るのもときにはおもしろい。けれども、店の看板に英語で Books とか Clothes と書かれているのを見ると、なぜ日本語で書かないのか不思議に思う。日本のポップスによく英語が使われているが、あれも馬鹿げている。　　　　　　　　　　　　　（カナダ人大学講師）

　これらの外国人英語教師の意見をまとめると、次のようになる。第一に、英語教育の面では、変則英語は、英語を学ぶ学生たちを混乱させる危険なものであり、英語教育をむずかしくしている。英語教育がしっかりしていれば、日本式英語など生まれなかっただろう。学生たちには、よい英語が教えられるべきである。

　第二に、コミュニケーションの面では、変則英語は英語としては通じないし、外国へ行けば誤解されてしまう。

また、幼稚な間違いが多いため、日本人が馬鹿にされる原因になる。

　第三に変則英語が外国人に与える印象であるが、おかしくて笑ってしまう人、ストレスに陥る人、不快になる人もいるなど印象は一様ではない。しかし、重要なことは、変則英語を見たり、聞いたりして笑ってしまう人もそれがよい英語であると言っているのではなく、学生たちにとっては危険であるとか、どうして日本語があるのにそれを使わないのかなどと思っていることである。

　いずれにしても変則英語は、学生にとっては危険なものであり、それを見て気分を悪くする外国人もいることは事実であるから、日本人としては注意を払わなくてはなるまい。英語の広告を出したり、英語名の商品を出したり、Tシャツなどに英語を書くときは、アメリカ人講師が言っているようにネイティブスピーカーに見せるべきである。

(2) 新聞のエッセイ・投書

日本語の新聞にも英字新聞にも時々カタカナ英語や変則英語についてのエッセイや投書が載ることがある。ここでは3つの例を示す。英字新聞の投書は、筆者による日本語訳を載せた。

苦手の外来語

イアン・アーシー

　ボクの悪夢。成田の免税店に入る。「こんにゃく一本下さい。」と言う。店員は意味を把握できずまごまごする。「はい？」。「こんにゃく一本ください」。一瞬、間が開く。「こんにゃくは置いていません」。「お酒おいているでしょう」。「はい。でもこんにゃくは置いていません」。次の瞬間、店員はぴんとくる。ボクは爆笑に包まれる。屈辱で目がぱっと覚めて汗びっしょり。「コニャック一本下さい」と言いたかったのだ。

　信じてもらえないかもしれないが、ボクは外来語が苦手なんだ。発音が紛らわしいもん。「猫の図」はキャットのカット。長い単語になると、途中で障害物競走をやらされている気持ちになる。音節ごとに、陥れようと手ぐすねひいて難問が待つ。「語彙」も「vocabulary」もすらすら言えるが、片仮名で言えと言われたら....「ボ」を伸ばすか伸ばさないか、「カ」か「キャ」、「ブ」か「ビュ」か、「ラリ」はいいとして最後に音引きが要るかどうか。もういいや。辞書で調べよう。「ボキャブラリー」。日本語を勉強して十五年。一度もちゃんと発音したことがないと思う。

いやに細かい使い分けをするから余計こんがらがっちゃう。ガラスでできた飲み物用の容器はグラス。コーヒーはカップで飲むがビールはコップで飲む。ビアガーデンで。「コップ」「ビール」と昔オランダ語経由で入ったやつが、後からニュアンスや使用範囲を微妙に変えて「カップ」「ビア」と英語経由で入ってきちゃったわけだ。

　在来の日本語と外来語が役割分担をすることもしばしば。戸締まりの際、鍵をかけた後、万全を期してかけるやつは何と言う？「チェーン」だ。玄関に「鍵」をかける人は変な趣味の持ち主だとしか思えない。

　ややこしくて「オー・マイ・ガッド」だ。ごめん、間違えた。「オー・マイ・ゴッド」。　　　　毎日新聞 1997.10.16

変則英語の不思議

ローラ・ピルグリム

　変則英語にはいらいらする。でも同時に、「一滴の中に1ガロンのおいしさがある。手を伸ばしておいしさをとらえてね」と自動販売機に書いてあったり、チューインガムの名前が「エチケット」「キスミント」「スウィーティ」だったりするのはおもしろいなと感じる。

　でもちょっとコンビニに行けば、変な英語の商品名がいっぱい目に入る。それらの名前は、品物とは無関係なこともしばしばだ。英語は、便利だから人目を引きやすい名前をつけるのに使われているのだ。西洋の影響が強い現代の日本だから正しい英語が使われていてよいはずであるが、どうしたことか奇妙な英語が至る所に見られるのである。

　誰だって、日本の会社が、製品につける英語名をネイテ

ィブスピーカーに点検してもらうのは簡単なことだと思うだろう。でもそれが行われていないのだ。不思議なことに、日本は多くの点で先進国であるにもかかわらず、外国語の使用に関しては全くの後進国なのだ。実際、私が住んだことのある国々の中で変な英語を使っているのは日本だけなのである。

たしかに、おびただしい英語名や宣伝文句はおもしろい。しかし、どうして日本人が正しい英語を使えないのか不思議でならない。ポカリ・スエット（汗）のような名前の飲み物を飲むことは正常なことだろうか。

The Japan Times 1996.12.29

変則英語の落とし穴

ユーホー・ヤマグチ

変則英語は間違っている。日本人とアメリカ人のハーフであり、英語で教育が行われる学校へ行った私にとって、変則英語は、腹立たしくもあり、おもしろくもある。

先日のことだが、レストランに行ってメニューを見ると、なんとランチとドリンクスの綴りがRunch、Dlinksとなっているのだ。本当は、Lunch、Drinksとしなければならないのに。一瞬私は、レストランの人々が冗談でこんなことをしたのだと思ったのだが、いやいやそうではないのである。

このような間違った英語が書かれているのは、もちろんレストランだけではない。至る所で見られるのだ。例えば、政府の広報からTシャツや筆入れにも見られる。先日、テレビの英語教育番組を見たが、日本人の先生の英語はほと

んど分からなかった。

　間違った英語はすべて是正されねばならない、と言っているのではない。すくなくとも、事態改善の努力はなされるべきであると言いたいのである。不自然な英語に常にさらされている多くの日本の学生にとって、現在の状況は困ったものある。　　　　　　　　*The Japan Times* 1997.1.12

　以上3つのエッセイ・投書を紹介したが、重要な指摘はアーシー氏のエッセイでは、以下の2点。(1)コニャックとコンニャクを区別して発音することがむずかしいこと。

　筆者は、かつてアメリカ人のグループに日本語を教えた経験があるが、この2つの発音の区別や、ビョーイン（病院）とビョーイン（美容院）の区別は、アメリカ人にとって非常に困難であった。これらの発音は、ローマ字で書くと、konyakku：konnyaku、byoin：biyoin となりほとんど差がないのである。(2)カタカナ英語の発音にルールがないこと。

　ある単語では「キャ」と発音したり、ある単語では「カ」と発音している。例えば、ca- は cap（キャップ）、career（キャリア）の場合は「キャ」であるが、casual の場合はカジュアルで「カ」と発音している。

　また、同じコップでもコーヒーを飲むときはカップで、ビールを飲むときはコップとなる。ビールも飲むときはビールであるが、ビアガーデンのときはビアとなっているのである。このような違いは、日本語を学ぶ外国人にとっては全くもって困難な区別である。

　ピルグリム氏とヤマグチ氏の投書では以下の2点。(1)世

界で変な英語を使っているのは日本だけであること、日本は、外国語に関しては後進国であること。(2)すくなくとも事態改善の努力はするべきである。不自然な英語にさらされている日本の現状は嘆かわしい。

(3) 外国人記者の観察

次は、世界的高級紙ニューヨークタイムズに現れた日本式英語の実情についての記事の日本語訳である。

日本人の好きなアメリカからの輸入英語

ニューヨークタイムズ記者
ニコラス.D.クリストフ

有名な日本の学者が、「日本は日本語をやめ、英語を国語にすべきだ」と提案してから1世紀が経ったが、その学者の願いはかなりかなえられたように思われる。

自民党による最近の試みを例にとってみよう。自民党は、そのニックネームとしてJFというローマ字を採用することに決めたのである。それは西欧風に響くJFが、党のイメージをもっと活気のあるものにするための第一歩となると党関係者が信じたからにほかならない。

ではJFとは一体どんな意味を持つのだろうか。党関係者によれば、JFは「特定の考えを指すものとしてではなく、いろいろなよい意味に解釈してかまわないのです。例えば、Japan Family（日本家族）とかJustice and Freedom（正義と自由）などです」とのことである。

過去約半世紀にわたって日本の政治をになってはきたが、腐敗した党として批判にさらされている自民党にとって、来月の党大会で正式に採用される予定のJFが、再生のために役立つかどうかは不明である。しかしながら、日本が自動車や米を輸入することに関してはどんなに消極的であるとしても、外国語を吸収することにかけては熱狂的であ

ることは確かである。

「多くの日本人は珍しい音声に関心を持っています。彼らにとって外国語の表現は新鮮でおもしろい響きがあるのです」と評判のよい外来語辞典の編集者である西宮マキ氏（音訳）は言っている。確かにそのとおりで、最近の新聞はヘアーヌードという表現をいっぱい使っている。ヘアーヌードは、陰毛を示す写真のことであるが、ある雑誌の編集者が露骨なヘアーヌード写真を掲載したことで警察に逮捕されたためにニュースに登場した。

もう1つのほかほかの単語は、電気やガスといった公共事業をさすライフライン（lifeline）である。この語は、先月の神戸地震まではあまり使われなかったが、突然全マスコミに登場した。村山富市首相までが、ライフラインが復興したことを明らかにして、自己のリーダーシップに間違いなかったことを訴えたほどである。

もちろんどの言語だって外国語から語句を借用する。しかし、日本語は度を越したようである。明治時代の文相森有礼は、1870年代に「日本人は日本語をやめ、英語を国語に採用すべきである」と提案して論議を呼んだ。

昭和天皇は、1989年の崩御まで数十年にわたって皇位についていたが一般人にはよく分からない宮廷用日本語で話をした。しかし、その天皇ですらダム（dam）という英語に由来する外来語を短歌に使ったのであった。

フランス人やその他の国民は英語の進入を阻止しているが、日本語においては外来語の増大についての議論は起きていないようである。実は、外来語を外国語と考えることは誤りかもしれない。

「ポケットは英語であり、ベルも英語であるが、ポケットベルと言えば英語を話す外国人には何のことか分からない。このような表現は、もともと外国語から入ってきたとは言え、れっきとした日本語なのである」とコロンビア大学の博士課程で日本語の外来語について博士論文を書いている坂上静氏（音訳）は言っている。ポケットベルは、ポケベルと変形されているが英語ではbeeperのことである。

　ポケットベルのような英語の表現は、和製英語と呼ばれる。和製英語はカタカナで表されるが、カタカナは外国語を日本語の発音に変えるのに用いられる文字である。

　マイホーム、マイカーのような一連の表現があり、個人的に所有されている家や自動車をさす。日本人は、同僚に「マイカーで通勤しているの、それとも地下鉄でお通い」と聞くようだ。このようなマイの使用をさらに進めてある食料品のチェーン店では、マイジャムというイチゴジャムを売り出している。

　英語の語句は、婉曲表現に非常に有用で、微妙な問題には遠回しに言及することを好む日本人に役立っている。「我々がお年寄りのことについて話しているとき、日本語の'老人'を使うとあまりに直接的で人々の感情を傷つけてしまう。しかし、もしカタカナ英語の'シルバーエイジ'を使えば、はるかに穏やかに聞こえるのです」と別の外来語辞典の編集者である松本弘樹氏（音訳）は述べている。

　シルバーエイジは、正しい英語ではないが、日本語には老人に対するこのような婉曲表現がいっぱいある。シルバーは、老人の髪が灰色に変わることから使われた語である。日本では、シルバーライフ（silver life）の段階にある

人々は、老人用のシルバーハウジング（silver housing）に入居し、シルバーマーケット（silver market）用に作られた製品を利用し、シルバーボランティア（silver volunteer）としてパートの仕事をするのである。

　同様に、日本人は性のことについて話すときセックスという語を使い、セックスタシを得られないときは、セックスパートに相談する。大胆に体にぴったりの服装をしている若い女性は、ボディコンギャル（body conscious gal）と呼ばれる。

　日本の企業は特に熱心に英語表現を作っている。その理由は、外国語の製品名が国内での売れ行きを伸ばすのに役立つからだ。ソニーはウォークマンを世界の市場に出している。ウォークマンは日本でも売られているが、日本語では「歩く人」だからこの名称でもよいのに、ウォークマンが使われている。

　日本の広告業界最大手の電通の課長である小林ノリ氏（音訳）は、「日本人は、商品をうまく売るための英語名を考え出すことにおいては、アメリカ人より優れていることがあります。英語名は、日本語的で響きがよくなくてはなりません。その品名の意味が、英米人などにとってはとんでもないものであっても日本人の耳には響きがよいことがあるかも知れないのです」と言っている。

　そのよい例が、日本で最も人気のある清涼飲料の１つであるポカリスエットである。この飲料は、発汗の際に体が失うミネラルをを補給する健康飲料である。そこで会社は、その商品をスエット（汗）と呼び、ポカリという語を造語したのである。理由は、響きがよいからであった。

「あの商品名は、当社の経営者の霊感によるものでした。スエットでよいかどうかについては、英米人などからよくないという意見もありましたので、社内でも多くの議論がありました。しかし、たいていの日本人がスエットという単語を知っていますし、それをきたないと思ってはいないのでそれに決めたわけです」と会社役員の原田掛助氏（音訳）は述べた。

スエットは、アジアで広く市場に出されているが、英語圏の諸国には輸出されていない。原田氏は、「当社は、アメリカ西海岸で試験的に市場に出しましたが、状況はよくありませんでした」と言っている。

The New York Times 1997.2.21

クリストフ記者の取材記事は、次の点を指摘している。(1)日本人の英語吸収熱は熱狂的である。(2)外国語から言葉を借用することはどの言語にも起こる現象であるが、日本語の場合は行き過ぎている。(3)英語は婉曲表現に多く使われている。(4)日本の会社が英語の商品名をつける場合には、日本人にとって、響きがよければよいのであって、英米人にとって変な意味でもかまわない。

これらの指摘のうち(2)と(4)は、特に重要であると思う。日本式英語の使用は、やはり行き過ぎであり、国内市場だけをにらんで、英米人があっと驚くような意味の商品名をつけて平然としている日本企業はどうみても国際的ではない。クリストフ記者も、もし日本において使われている英語が英米などで使われている正式英語だったら、行き過ぎだなどという指摘はしなかったであろう。

カタカナ英語―正式英語 対照表

注1　カタカナ英語の後の数字は、その語が扱われている本書のページを示す。数字のない語は、この対照表でのみ扱われている語である。

2　カタカナ英語につけた英語は、対応する正式英語を示す。

3　英語の名詞につける冠詞 a は原則として省略した。（例えば、assistant、announcer のように）しかし、後ろに長い形容詞句などを伴っている場合はつけた。

4　必要な語には日本語訳をつけた。

ア アーバンエコロジーパーク　78　a park where you can enjoy birds and other small animals（小鳥や小動物のいる都市公園）

アイスコーヒー　32　iced coffee

アウトコース　102　outside（ホームベースより外側の投球コース）

アカウンタビリティ　124　accountability（説明責任）

アグレッシブ　131　aggressive（攻撃的）

アゲンストウインド　102　headwind（向かい風）

アジェンダ　agenda（議題、課題）

アシスタント　136　assistant（助手）

アダルトムービー　adult movie（成人向け映画）

アップ　27　zoom in on（大写しにする）、close-up（大写し）

アドバイス　145　advice（忠告）

アナ　17　〈米〉announcer（アナウンサー）、〈英〉newsreader

アバウト　39　irresponsible（いいかげんな）

アプローチ　approach（接近法）

アポ　38　appointment（会合などの約束）

アメリカンコーヒー　32　mild coffee

アンテナ　49　〈米〉antenna、〈英〉aerial

イ イージーミス　14　careless mistake（不注意なミス）

イベント　event（催し）

イメージアップ　34, 160　improve one's image（印象をよくする）

イメージダウン　34　hurt one's image（印象を悪くする）

イラスト　122　illustration（挿し絵）

イレギュラーバウンド　103　bad hop

IN・OUT　114　ON（出場）、OFF（退場）

インコース　103　inside（ホームベースより打者よりの投球コース）

インサイダー取引　insider trading（企業の役員などが未公開の内部情報を利用して自社株を有利に売買すること）

インセンティブ　incentive（刺激、奨励）

インターネット　142　Internet

インターハイ　123　inter-high school

インテリジェントアワード　81　an award for the construction of a superior building（優秀建築賞）

インフォームドコンセント　124　informed consent（医師が患者に説明して得る同意）

インフラ　122　infrastructure（社会の基礎的施設——電気、水道、道路、鉄道など）

インフレ　122　inflation（インフレーション）

エ　エアコン　122　air conditioner

エイズウイルス　143　HIV

エース　148　ace（主戦投手）

エール　yell（学生たちが選手応援のために発する叫び声）

エキセントリック　132　eccentric（風変わりの）

エコシティ　82　a city with ecofriendly facilities（環境にやさしい施設のある都市）

エスカレート　escalate（拡大する）

エスケープ　25　cut a class（授業を欠席する）

エリートコース　16　be on the way to the top（幹部への道を歩んでいる）

エンゲージリング　123　engagement ring（婚約指輪）

エンスト　49　stall

エンタープライズ　143　enterprise（企業、En-アメリカ戦艦名）

エンデバー　145　endeavor（努力、En-アメリカ宇宙船名）

オ オートビッレジ　82　a computerized camping site（コンピューター設備のあるキャンプ場）

オーマイゴッド　206　Oh, my God.（おやまあ、やれやれ——神を冒瀆する表現）

オープニングピッチャー　103　starter（先発投手）

オープン戦　104　exhibition game

オープンキャンパス　1, 12, 161　〈米〉open house、〈英〉open day（学校・大学公開日）

オフレコ　123　off the record（記録に残さない）

オペ　122　operation（手術）

オペレーター　146　operator（電話交換手）

オンブズマン　ombudsman（行政に関する市民の苦情を中立的な立場で調査し、解決をめざす調査官）

オンライン　on-line（コンピューターの端末機が中央演算処理装置に直結している状態）

カ ガーデニング　gardening（園芸、造園）

ガイドライン　143　guideline（指針）

ガソリン 49 〈米〉gas、〈英〉petrol

ガソリンスタンド 〈米〉gas station、〈英〉petrol station

ガッツポーズ 96 react（反応する）

ガバナビリティ 85 capability to govern（統治能力）

カルチャーセンター 24 school of cultural studies

キ キスマーク 34, 161 〈米〉hickey、〈英〉lovebite

キッチンドリンカー 32, 161 closet drinker（隠れて酒を飲むアル中の人）

キャッシュコーナー 56 〈米〉ATM、〈英〉CASH POINT

キャッシング 63 borrow money from an ATM（ATMで借りる現金を受け取る）

キャスター 17 newscaster

キャリア（官僚の） 85 elite bureaucrat

キャンドルサービス 21 a candle-lighting service at a Japanese wedding reception by the newly-weds. They visit each guest's table and light the candle placed at the center of it.

キャンプイン 104 begin a training camp

キャンペーン 64 sales campaign

キラー 127 killer（殺人者）

ク クラシック音楽 26 classical music

グランド（サッカーなどの） 116 〈米〉field、〈英〉pitch

グランドボーイ 2, 104 bat boy

グリーンピース Greenpeace（国際的環境保護団体）

カタカナ英語—正式英語対照表 **219**

クリニック　clinic（診療所）

グローバル　global（全世界の）

ケ ケアハウス　78　nursing home

ケースバイケース　39　case by case（一件一件、その都度）

ゲームメーカー　96　playmaker

コ コインロッカー　coin-operated locker

ゴーサイン　78　go-ahead、green light（許可）

コート（オーバーなど）　148　coat

コーナー（デパートなどの）　56　department、section（売場）

コーポ　61　〈米〉apartment house、〈英〉block of flats

ゴールイン　97　reach the finish line（ゴールに達する）、marry（結婚する）

ゴールデンアワー　18　prime time

ゴールデンウイーク　36　a series of holidays between April 29 and May 5

コスプレ　20　costume party（仮装パーティ）

コミット　133　commit oneself to（係わる）

ゴム　40, 60　rubber

ゴロ　105　grounder

コンセンサス　consensus（合意）

コンセント　40　〈米〉outlet、〈英〉power point

コンパクトなバッティング　41　do not overswing（大振りしない）

コンパニオン　65　attendant（接客係）

コンペ　122　competition

コンベンショナル 134 conventional（陳腐な）

サ ザ 27 the（定冠詞）

サービス 64, 160 discount（値引き）、gift（景品）

サーファー 144 surfer

サーベイランス surveillance（監視、監督）

サイドビジネス 62 moonlighting（副業）

サテライト 146 satellite（衛星）

サテライトオフィス 86 satellite office（本社以外に点在する職場）

サポーター supporter（サッカーなどのファン）

サラリーマン 61 office worker

シ シェア share（市場占有率）

ジェネレーションギャップ generation gap（世代間の価値観の相違）

シグナル signal（信号）

システム金融 65 loan shark（高利貸し）

シビア severe（厳しい）

シミュレイション simulation（模擬実験）

シャイ shy（内気な）

ジャストミート 105 hit the ball squarely

ジャンパー 44 jacket

ジョイフルモーニング 19 beautiful morning（素晴らしい朝）

シルバー 87 gray

シルバーハウジング 87, 213 apartment for a senior citizen

シルバーパワー 87 gray power（老人の勢力）

シルバービジネス　87　business catering to senior citizens
シルバーボランティア　213　senior citizens' volunteer work
シルバーマーケット　213　stores for senior citizens
シルバーライフ　213　senior citizens' life
シングルキャッチ　105　one-hand catch
シングルヒット　106　base hit, single
シングルマザー　single parent（片親——離婚や未婚で配偶者のいない親）

ス スイングアウト　106　struck out swinging
スキーム　scheme（計画）
スケート　148　skate
スケープゴート　scapegoat（いけにえ）
スタイリスト　43　stylist（デザイナー）、person who pays much attention to what he or she wears（おしゃれ）
スタメン　123　starting member（先発メンバー）
スタンス　stance（姿勢、構え）
スタンドプレー　grandstand play
スト　122　strike（ストライキ）
ストラテジスト　136　strategist（戦術家）
スナップ写真　122　snapshot
スペシャリスト　specialist（専門家）
スマート　41　slim（ほっそりした）、slender（すらっとした）
スリーバント　106　two-strike bunt
スロー　128　slow（のろい）

スローフォーワード　98　forward pass

セ セーフティバント　107　drag bunt

セーフティーボックス　56　safe

セールスポイント　57　selling point（長所、美点）

セクハラ　123　sexual harassment（性的いやがらせ）

セックス　131　sex

セックスタシ　213　orgasm（オルガズム）

セックスパート　213　sex expert（性の専門家）

ゼネコン　123　general contractor

セ・リーグ　123　Central League

ゼロシーリング　79　working out a budget not exceeding last year's（前年の予算を上回らない予算編成）

ソ ソープランド　57　massage parlor

タ ダーティー　133　dirty（汚れた、汚い）

ダイヤ　53, 122, 160　train schedule（列車運行表）、diamond（ダイヤモンド）

ダイヤルイン　50, 161　〈米〉Phone、〈英〉Tel.

ダウ平均　Dow-Jones Average（ニューヨーク株式市場の平均株価）

ダウン　44　come down with a disease（病床に伏す）

タウンページ　58, 161　Yellow Pages（電話帳の広告版）

タッチアウト　107, 161　tag out

カタカナ英語―正式英語対照表　**223**

	タッチアップ　107　tag up
チ	チームカラー　98　characteristic of a team
	チームプレー　99　try to contribute to the victory of one's team
	チケットレスサービス　49　ticket service by which one can get train tickets through the Internet（インターネットによって列車のキップが購入できるサービス）
	チャームポイント　35　the most appealing body part
	チャレンジ　134　challenge（挑戦）
テ	データ　data（材料、資料）
	データベース　database（多様なデータを統一的に管理し、いつでも検索可能なファイル）
	ティーンエイジャー　25　teenager（13～19歳の若者）
	デイサービス　88　day care
	ディスカッション　145　discussion（討論）
	ディスクロージャー　disclosure（公開）
	ディベート　145　debate（論争）
	テープカット　81　cutting the ribbon
	デザイナー　144　designer
	デッドボール　108, 160　The pitch hit the batter.
	テナント募集中　66　〈米〉ROOM FOR RENT、〈英〉TO LET
	デモ　122　demonstration
	テレホンショッピング　33　teleshopping（電話などによる買い物）

テレワーク 79 telecommuting（自宅にいながらコンピューターによって会社の仕事をすること）
テロ 122 terrorism（テロリズム）

ト トータル 91 comprehensive（包括的）
トータル・ヘルス・プロモーション・プラン 91 comprehensive plan for the promotion of health（包括的健康増進計画）
ドナー 88 organ donor（臓器提供者）
トラウマ trauma（精神的衝撃）
ドラッグ drug（薬品、麻薬）
ドラマチック 147 dramatic（劇的な）
トランク（自動車の） 49 〈米〉trunk、〈英〉boot
トリビアル 134 trivial（取るに足らない）
トレーナー 116 sweat shirt（運動着）
トレンディ trendy（はやりの）

ナ ナイーブ 42 naive（純情な、幼稚な）
ナンバープレート 49 〈米〉license plate、〈英〉number plate

ニ ニーズ needs（必要性）
ニューハーフ 81 a gay dressed like a woman

ネ ネック 83 bottleneck（障害）
ネットワーク network（連絡網）
ネバダ 150 Nevada（アメリカの州）

ノ ノーマライゼイション 89 normalization of the life for the disabled（障害者の生活を正常化すること）
ノック 108 （野球のノック）fielding practice
ノットリリースザボール 98 not releasing the ball

カタカナ英語—正式英語対照表 **225**

ノンキャリア（官僚の）　86　non-elite

ハ　バーコード　bar code（商品に印刷されている読みとり可能な縞状の記号）

バージンロード　22, 161　aisle

パーソナリティ　27, 137　host（ラジオ番組司会者）、disk jockey（DJ）

バーチャル　virtual（虚像の）

パートナーシップ　partnership（協調）

ハートフル　90　caring（やさしい）

パーフォーマンス　performance（演技）

バーミンガム　143　Birmingham（アメリカ・英国の都市）

バイキング　70　buffet-style restaurant

パイプカット　35　vasectomy（精管切除）

バスジャック　83　hijack（乗り物を乗っ取る）

パスボール　108　passed ball

パソコン　123　personal computer

バックスクリーン　109　center field screen

バックネット　109　backstop

バックホーム　109　throw to the catcher

バトンガール　100　majorette

バトンタッチ　100, 160　pass the baton

ハプニング　46, 160　something unexpected（不意な出来事）

バリアフリー　barrier-free（障害物のない）

パ・リーグ　123　Pacific League

パロディ　parody（他の作品を滑稽にまねた作品）

パワーアップ　46　become more powerful（より強

くなる)、make……more powerful（より強くする）

パンク　52　blow out（パンクする）、flat tire（パンクしたタイヤ）

ハンデ（ゴルフの）　handicap（強い選手につける不利な条件）

パンティストッキング　35　〈米〉pantyhose、〈英〉tights

ハンド　102　handling（サッカーなどでボールに手を触れること）

ヒ　ビアガーデン　〈英〉beer garden

ビジネスホテル　59　hotel for reps

ビジョン　vision（展望）

ヒップ　42　bottom（尻）

フ　ファームステイ　16　stay with a farmer's family（農家にホームステイする）

ファイル　file（新聞などの綴じ込み、情報の集積）

ファインプレイ　110　great fielding play

ファウルグランド　111　foul territory

ファッションヘルス　93　massage parlor

ファミリーレストラン　58, 161　restaurant

フェニックス　150　Phoenix（アメリカの都市）

フェンダー　48　〈米〉fender、〈英〉wing

フォアボール　111　walk

フォーラム　forum（公開討論会）

プッシュホン　51　push-button phone

フライドポテト　70, 161　〈米〉French fries、〈英〉chips

フライング　117, 160　false start（フライング）、

jump the gun（フライングする）

フラッシュバック　flashback（瞬間的切り返し）

ブランド　59, 161　brand name

フリー　53, 161　free-lance（自由契約の）

フリーキップ　53　go-as-you-please pass（好きなように乗り降りできるパス）

フリーター　36　part-timer

フリーダイヤル　1, 33, 160　〈米〉Toll free、〈英〉Free Phone

フリートーキング　12　discussion（討論）

プリン　pudding

フルーツパーラー　coffee shop

プレーボーイ　43　womanizer（女たらし）

プロジェクト　project（計画）

プロセス　process（過程）

フロンティア　146　frontier（辺境）

フロント　117　(1)球団事務所　front office、(2)ホテルのフロント　〈米〉front desk、〈英〉reception

フロントガラス　48　〈米〉windshield、〈英〉windscreen

ヘアーヌード　211　nude

ペースアップ　100　speed up（速度を上げる）

ペースダウン　100, 160　slow down（速度を下げる）

ペースメーカー　pacemaker　(1)競争で先頭に立って速度を調整する選手、(2)心臓付近の皮膚内に埋め込んで心臓の拍動を調整する器具

ペーパーカンパニー　68, 161　bogus company（いかがわしい会社）

ベジタリアン　vegetarian（菜食主義者）

ヘッドスライディング　112　head-first slide、headlong slide

ペナルティ　128　penalty（罰）

ベビーホテル　37　〈米〉day-care center、〈英〉creche

ベンチャービジネス　venture business（ITなどを用いて新規開発事業を行う中小企業）

ホ　ボーカル　144　vocalist

ホームイン　112, 160　reach home

ホームヘルパー　home help

ホストクラブ　60　a bar-like place where handsome, sociable men entertain female guests

ポテトチップス　71　〈米〉potato chips、〈英〉crisps

ボランティア　146　volunteer

ホワイトデー　22　In Japan, men customarily give presents to women on March 14, called White Day, in return for the presents of chocolate they received on Valentine's Day in February.

ボンネット　48　〈米〉hood、〈英〉bonnet

マ　マークシート方式　13　marking-the-sheet method

マイ　73　my

マイカー　73　my car

マイコン　74　my computer

マイタウン　73　my town

マイペース　73　at one's own pace（自分に合ったペースで）

マイホーム　73　my home
マイボール　98　one's ball
マイロード　73　my road
マインド　93, 161　desire
マインドコントロール　93　mind control
マスコミ　123　mass communication
マテリアル　146　material（材料）
マネージャー　118　manager〈米〉(野球チームの監督)、〈英〉(サッカーチームの) 監督
マフラー（自動車の）　49　〈米〉muffler、〈英〉silencer
マルチメディア　147　multimedia（混合メディア――組み合わせて用いる複数の伝達手段）
マンション　67　condominium, condo

ミ　ミス　14　mistake、error
ミスター　119　icon, the Alan Greenspan of Japan
ミュージアム　145　museum
ミュージシャン　145　musician

メ　メーカー　69　manufacturing company（製造会社）
メークさん　20　make-up lady
メール　e-mail（イーメール）
メールアドレス　e-mail address（イーメールのアドレス）
メジャー　115, 149　Major League（メジャーリーグ）、major oil companies（国際石油資本）
メディア　146　media（報道機関）
メリット　45　advantage（利点）
メリット・デメリット　45　advantages and dis-

advantages（長所と短所）

メンテナンス　maintenance（営繕、管理）

モ　モータープール　52　〈米〉parking lot、〈英〉car park（駐車場）

モーニングコール　50　wake-up call

モデル　144　model

モラルハザード　74　moral hazard（道徳的危険）

ヤ　ヤンキー　94　hoodlum（不良青年）

ラ　ライブ　28　live concert（ライブコンサート）

ライフスタイル　lifestyle（生き方）

ライフライン　211　lifeline（生命線――電気、ガス、水道、道路、航路など生活に不可欠なもの）

ラウンジ　67　lounge（休憩室）

ラジカセ　123　radio cassette player

ラブコール　101　woo（くどく、求婚する）

ラブホテル　59　hotel for lovers

ラブラブ　38　head over heels in love（ぞっこんの）

ランニングホーマー　3, 112　inside-the-park homer

リ　リアクション　145　reaction（反応）

リアルタイム　29　live（実況の）

リスク　risk（危険性、自発的にぶつかっていく危険）

リストアップ　37　list（一覧表にする）

リストラ　122, 126　restructuring（企業再構築、首切り）

リタイヤ　120, 161　drop out of（レースなどから退く）、retire（退職する）

カタカナ英語―正式英語対照表　**231**

リテラシー　literacy（読み書き能力）
リニューアル　71, 161　remodeling（改装）
リバプール　143　Liverpool（英国の都市）
リバイバル　revival（復活、再生）
リフォーム　72, 161　remodel（改装する）、tailor（服を作り直す）
リベンジ　135　revenge（復讐）
リンチ　84　beat up（たたきのめす）

ル ルーズソックス　15　baggy socks worn by high school girls

レ レイプ　130　rape
レジャー　leisure（余暇、自由時間）
レベルアップ　14　improve（向上する）
レベルダウン　14　deteriorate（悪化する）
レポート　26　term paper

ロ ロード　148　road（道路）
ローン　63, 129　loan（貸付金、借金）
ロマンチック　147　romantic

ワ ワイドショー　18　variety show
ワシントン　143　Washington（アメリカの首都、州）
ワンポイントリリーフ　3, 113　relieve temporarily just to beat a particular batter
ワンポイントアドバイス　113　tip

エピローグ

　本書ではカタカナ英語と変則英語からなる日本式英語の問題を扱ってきたが、その問題点をまとめると次のようになる。

　第一は、カタカナ英語は元の英語に変更を加えたものが多いということである。つまり、和製英語の造語、元となる英語の意味の変更・限定・逸脱・拡大・誤用、語の短縮・省略、発音の変更などが大規模に行われていることである。その結果、英語とは別の言語となっているのである。これは、ほかの国では見られない日本独特の現象であり、極めて非国際的である。

　カタカナ英語は、日本語の一部だから英語とかけ離れてしまってもかまわない、という意見も強い。しかし、英語に変更を加えて日本語に取り込む陋習は英語として通用しないニセの英語を使用するという結果を生んでいるのである。これは、国際語としての英語が世界中で習得されている流れに反する行為である。

　第二は、カタカナ英語の婉曲語法である。リストラという言葉が首切りの代わりに使われている事実に見られるように、カタカナ英語は日本語では言えない事実をオブラートに包んで表現するという機能を持つ。この機能は、「そんなエキセントリックな意見には答えられない」などと他人を批判するときにも現れる。

　さらにこの婉曲表現は、政治や経済の面でも使われている。例えば、いかがわしい事業にかかわったノンバンクとかダミー会社と呼ばれる会社がこぞってカタカナ英語の名

前をつけていた。カタカナ英語名は、それらの本質を隠蔽したのである。

　第三は、発音の問題である。この面で著しいのは、ボランティア、アドバイス、ドナー、メジャー、ミュージシャン、エースなど日常的に日本人の耳に入るカタカナ英語の発音が英語と異なったアクセントや母音で発音されていることである。そしてこれらは正しい英語の発音として学習者に記憶されてしまう危険性がある。

　第四は、カタカナ英語が本物の英語と誤解されるという問題である。調査に協力してくれた学生たちの多くが、オープンキャンパス、タウンページ、タッチアウト、バージンロードなどの和製英語を本物の英語として誤解していることが分かった。また、本来の英語の意味が変更されて異なった意味を持つリフォーム、リニューアルなどの意味変更語についても、日本式の意味が英語の正しい意味と誤解されていることが分かった。英語教育に莫大な資金を投入しているわが国において、このような本物と誤解されるカタカナ英語が氾濫し、学習者を混乱させていることは何とも残念なことである。

　第五は、変則英語の問題である。最初に広告や街頭で使われている英語を検証した結果、英米人を驚かすものや首をひねらせる種類のものが多く見られること、中には英語ではタブーとなっている語も使われていた。

　このような不自然な英語は、一般に意思伝達の手段としてではなく、装飾の模様やデザインとして、またある種のムードをかもし出す手段として使われているのが実態である。それ故に意味、綴り、文法などは無視されていること

が分かった。

続いて第六に都市紹介プロフィールに使われている日本発信英語を検証した結果、日本人英語の実態は30年前に英語学者が指摘した状況とほとんど変わってないことが明らかとなった。書いた英文をネイティブスピーカーに見せないこと、日本語からの直訳が多いこと、テーマが不明確であること、1つの段落や文にいろいろな内容を詰め込むため焦点が不明であることなどが一番大きな問題である。

第七は、外国人が日本式変則英語をどのように見ているかという問題である。外国人教師の多くは、変則英語が学習者を混乱させるものだと主張しているし、なぜ英語の原稿を英米人などに見せないのか不思議に思っている。中には変則英語は、日本人が侮辱される原因になると考える人もいるのである。

外国人記者や外国人の投書は、日本式英語の問題点をきれいに映し出している。例えばカタカナ英語の商品名は、英米人などに不快なものであっても日本人にとって響きがよければよいとする、日本企業の態度が分かった。また、同じビールをある時はビールと発音し、ある時はビアと発音するごとき日本語の非一貫性も指摘された。

このような日本の状況は、英語を自国語に取り入れる場合、英語をそのまま導入している諸外国の習慣とは著しい違いである。外国では一部の例外はあるものの元の英語の意味を変更したり、語を短縮することは極めてまれである。ましてや勝手に造語したり、婉曲表現に使う傾向は見られない。その意味で、日本のカタカナ英語や変則英語は、世界でも例のない異常な言語現象と言えよう。

以上のことを総合してみると、カタカナ英語や変則英語が日常的に目に入る現在の日本では、英語のブームが起きているかのような印象を与えてはいるが、実際はそうではないことが分かる。『ジャパンタイムズ』に投書したピルグリム氏が指摘したように、日本は多くの点で先進国であるにもかかわらず外国語に関しては全くの後進国であり、変な英語がはやるめずらしい国なのである。

　社会言語学者が共通認識しているごとく言語の変化を止めることはできない。したがって、カタカナ英語や変則英語の流れを押さえることも止めることも困難であろう。とはいえ現在の日本の状況を見ると必ずしも不可能ではないようである。それは、その種の英語を創り出す社会的責任がマスコミや学者や官庁や産業界などにあるからである。これらの分野にいる担当者が英語使用国の文化財である英語を尊敬を込めて取り扱い、短縮や造語の悪習をやめ、何より、本物の英語を使うように注意を払えば状況は好転する可能性があるはずである。

　すなわち、マスコミなどが、英語をカタカナ英語に直す場合、元の英語の意味や形態に変更を加えないことである。また、発音についても元の発音に近い発音を取り入れることである。英語らしい発音をそのまま取り入れることは無理だとしても、少なくともアクセントは元のものを残したい。現在でもインフォームドコンセント、アカウンタビリティなど元の英語の形態、アクセントを残して使われている好例もある。できないことではないのである。

　今すでに定着したカタカナ英語は容認せざるを得ないとしても、今後新たに取り入れる英語については「英語をそ

のまま導入する」という原則を貫いてゆきたいものである。いずれにしても、日本が将来にわたって国際社会に生き残るためには、日本式英語ではなく、本物の英語が広く国民の間に通用する国になることを強く願うものである。

　筆者は、アメリカ英語を中心にイギリス英語、オーストラリア英語、ニュージーランド英語にも関心を持ってきた者であるが、今回本書により日本式英語の実態に触れることができたことは幸いであった。

　本書の執筆については、多くの人々から協力を頂いた。アンケート調査については、東京都内の大学生諸君、外国人講師とAETの方々、海外の情報につては世界11ヶ国の学者たち、インフォーマントとしては成蹊大学講師のThomas Longo氏とTracy Hartwick氏、編集については、大妻女子大学教授Timothy Wright氏、吉田商業高校教諭松田孝一氏にお手数をかけた。

　また、出版については、鷹書房弓プレスの寺内信重氏に大変お世話になった。ここに記して謝意を表する次第である。

　最後に、志半ばで太平洋戦争の戦地に散り、また病に倒れた安藤有朋、安藤喜一、原田道徳の霊に対し本書を捧げたい。

参考文献

NHK放送文化研究所『NHK日本語発音アクセント辞典』日本放送出版協会　1999

大庭　勝・村石利夫『最新カタカナ語辞典』日東書院　1996

学習研究社編『カタカナ新語辞典』学習研究社　1986

下河辺淳『官公庁のカタカナ語辞典』第2版　三省堂　1998

津田　武『カタカナ語新語辞典』第5版　旺文社　1998

長谷川潔・堀内克明『日本人の英語』三省堂　1969

堀内克明「外来語カタカナ語」(『現代用語の基礎知識』)自由国民社　1999

山岸勝栄・郡司利男『ニューアンカー和英辞典』学習研究社　1991

山田和男・吉井徹郎『野球の英語』文建書房　1976

Janet, Holmes (1992) *An Introduction to Sociolinguistics*. London and New York: Longman.

Hertzler, Joyce O. (1965) *A Sociology of Language*. New York: Random House.

Trudgill, Peter (1976) *Sociolinguistics: An Introduction*. Middlesex: Penguin Books.

著者略歴

大石五雄（おおいし・いつお）

1935年生まれ。国際基督教大学大学院修了。
現在成蹊大学教授。
1978〜79年サンフランシスコ州立大学客員研究員。
1993〜94年ケンブリッジ大学・シアトル大学客員研究員。
著書 『ニューアンカー英作文辞典』（監修）（学習研究社）
　　　『アメリカ英語とイギリス英語』（丸善ライブラリー）
　　　『英語と米語』（丸善ライブラリー）ほか。

カタカナ英語と変則英語──危険な日本英語の実態に迫る

2001年3月23日　初版発行

著　者　　大　石　五　雄

発行者　　寺　内　由美子

発行所　　鷹書房弓プレス

〒162-0811　東京都新宿区水道町2-14
電　話　東京(03)5261−8470
ＦＡＸ　東京(03)5261−8474
振　替　00100−8−22523

ISBN4-8034-0457-7　C0282
印刷：堀内印刷　　製本：関川製本

好評既刊

英語観察学
Beginning English Linquistics
―英語学の楽しみ―

和歌山大学教授
奥田隆一著

四六判上製264頁
本体2800円

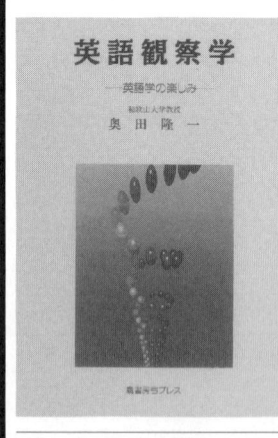

英語のルーツとルールを楽しく学べる知的実用書。各章の最初の**観察**で英語についての素朴な疑問や着眼点が述べられ、次に**考察**で簡単な答えや説明が提示され最後に**英語学のエッセンス**で観察に関する英語学の考え方や方法論がやや詳しく解説されている。

英語の文章の仕組み
しっかりした英語を書くために

村上英二著
本体1600円

英文をなめらかにしている文の仕組みを日本語と対照しつつ実践的に解説する

増補版 速解の英語
早く読んで早く理解するための12章

名和雄次郎著
本体1500円

新しい視点から速読・速解のテクニックを解説。総合練習問題を付けた増補版